1906 - Mai - 28

VENTE ✤ ✤ ✤ ✤ ✤ ✤

u Lundi 28 Mai 1906 ✤ ✤

Hôtel Drouot, Salle nº 9 ✤ ✤

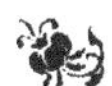

Très Beaux

Livres Illustrés

Mᵉ Maurice DELESTRE, Commissaire-Priseur

M. A. DUREL, Libraire-Expert ✤ ✤ ✤ ✤ ✤

CATALOGUE

D'UN CHOIX DE TRÈS BEAUX

LIVRES ILLUSTRÉS

de la fin du XIXe Siècle

LA VENTE AURA LIEU

LE LUNDI 28 MAI 1906

A deux heures de l'après-midi

HOTEL DES COMMISSAIRES-PRISEURS, 9, RUE DROUOT

Salle n° 9, au premier étage

Par le Ministère de Me MAURICE DELESTRE ✻, Commissaire-Priseur

5, Rue Saint-Georges, 5 (IX°)

Assisté de M. A. DUREL, O. I. ❂, Libraire-Expert,

21, rue de l'Ancienne-Comédie, 9 et 11, passage du Commerce (VI°).

☞ *Exposition particulière à notre Librairie jusqu'au Vendredi 25 Mai, de deux heures à cinq heures.*

CONDITIONS DE LA VENTE

La Vente se fera au comptant.

Les acquéreurs payeront **10 p. 100** en sus des adjudications.

Les livres devront être collationnés dans les vingt-quatre heures de l'adjudication. Passé ce délai, ils ne seront repris pour aucune cause.

M. A. DUREL, remplira aux **conditions d'usage, les commissions des Personnes qui ne pourraient assister à la vente.**

M. A. DUREL **se réserve la faculté, dans l'intérêt de la vente, de réunir ou de diviser les numéros du Catalogue.**

CATALOGUE

D'UN CHOIX DE TRÈS BEAUX

LIVRES ILLUSTRÉS

ÉDITIONS DE GRAND LUXE

Belles Reliures d'Art

Banville. Les Princesses, illust. de Rochegrosse, mar. doublé de mar. (*Marius-Michel*). — **Bertrand**. Gaspard de la Nuit. *Édition Ch. Meunier*. — Collection Pickering, 12 vol. in-48. — **A. Daudet**. Fromont jeune et Risler aîné : Sapho (*M. Lortic*). — **A. Dumas**. La Dame de Monsoreau, illust. de Maurice Leloir, exempl. sur Chine. — **G. Flaubert**. Bouvard et Pécuchet. *Édition Piazza*. — **Anatole France**. Le Procurateur de Judée. *Édition des Amis des Livres*. — **Th. Gautier**. Mademoiselle de Maupin. *Édition L. Conquet*, exempl. sur Japon, 3 états. — Imitation de Jésus-Christ. *Édition Curmer*.— Les Lettres et les Arts. *Paris, Boussod, Valadon*, 16 vol. in-4. — Livre d'Heures de la reine Anne de Bretagne. *Édition Curmer*. — **Pierre Louys**. Ariane ; La Maison sur le Nil, illust. de Rochegrosse et Paul Gervais, 2 vol. — **Masson**. Cavaliers de Napoléon. *Édition Boussod*. — **Maupassant**. Contes choisis. *Édition des Bibliophiles Contemporains* (*P. Ruban*). — **Mérimée**. Colomba ; La double Méprise. *Éditions L. Carteret*. — **Murger**. Scènes de la Vie de Bohème, illust. de Léandre.— **Nolhac**. La Dauphine Marie Antoinette ; Louis XV et Madame de Pompadour ; Louis XV et Marie Leczinska : J.-M. Nattier. *Éditions Boussod, Manzi, Joyant et Cie*. — **J. Richepin**. Chanson des Gueux, 390 dessins originaux de Coulon, rel. de Ch. Meunier. — **Rodrigues**. Danse fin de siècle, illust. de Louis Legrand, exempl. sur Japon. — **Rops**. Catalogue de son Œuvre, avec 103 eaux-fortes ajoutées, mar. double (*Canape*). — Ouvrages d'Octave Uzanne, etc., etc., etc.

PARIS

A. DUREL, LIBRAIRE

21, RUE DE L'ANCIENNE-COMÉDIE, 21

9 ET 11, PASSAGE DU COMMERCE, (VIᵉ ARR.)

—

1906

ORDRE DE LA VACATION

L'ordre du Catalogue sera suivi,
à l'exception des numéros 168-169
qui seront vendus en dernier.

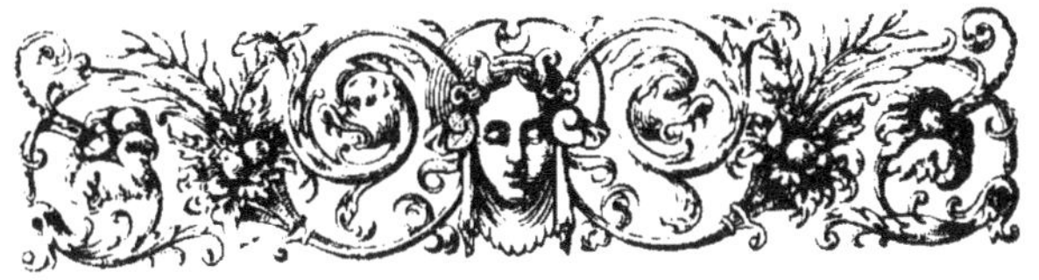

LIVRES ILLUSTRÉS

1. **About** (Edmond). Le Roi des Montagnes. Dessins de Charles Delort, gravés par Mongin. *Paris, Librairie des bibliophiles.* 1883. in-8 écu, cart. dos et coins de mar. vert, non rog., couv. *(Champs)*.

2. **Aicard** (Jean). La Chanson de l'enfant par Jean Aicard. Nouvelle édition ornée de 128 compositions par T. Lobrichon avec la collaboration de E. Rudaux, gravées sur bois par L. Rousseau. *Paris, G. Chamerot.* 1884, gr. in-8, demi-rel. dos et coins de mar. rouge, dos orné, tête dor., non rog., couv. illust. *(Champs)*.

3. **ARMSTRONG** (Sir Walter). **Gainsborovgh** et sa place dans l'école anglaise par Sir Walter Armstrong, directeur de la Galerie nationale (Irlande). Traduction de B.-H. Gausseron. Ouvrage orné de soixante-deux héliogravures, tirées en taille-douce et de dix lithographies en couleurs. *Paris, Hachette et Cie,* 1899. in-fol., cart., perc. rouge, tête dor., non rog.

Épuisé, rare.

4. **Armstrong** (Sir Walter). Sir Henry Raeburn par Sir Walter Armstrong, directeur de la galerie nationale d'Irlande, avec une introduction par R. A. M. Stevenson et un catalogue biographique et descriptif par J.-L. Caw, conservateur de la Galerie nationale de portraits d'Ecosse, traduit par B.-H. Gausseron. *Paris, Hachette et Cie*, 1902, in-fol., 69 planches en héliogr., cart., perc. rouge, tête dor., non rog.

5. **Armstrong** (Sir Walter). Sir Joshua Reynolds, premier président de l'Académie royale de Londres par Sir William Armstrong, directeur de la Galerie nationale d'Irlande, traduit par B.-H. Gausseron, avec soixante-dix-huit photogravures et six fac-similés lithographiques en couleurs. *Paris, Hachette et Cie*, 1901, in-fol., cart. perc. rouge, tête dor., non rog.

6. **Dobson** (Austin). William Hogarth par Austin Dobson, avec une introduction sur l'art de Hogarth par Sir William Armstrong, directeur de la Galerie nationale d'Irlande, traduit par B.-H. Gausseron. *Paris, Hachette et Cie*, 1904, in-fol., 76 pl. en héliogr., cart. perc. rouge, tête dor., non rog.

7. **Rooses** (Max). Antoine Van Dyck. Reproductions en héliogravure de cinquante chefs-d'œuvre, publiés sous le patronage de la commission de l'exposition d'Anvers, accompagnées d'un texte explicatif et historique et d'une notice biographique de l'artiste par Max Rooses. *Paris, Hachette et Cie*, 1902, in-fol., cart., perc. rouge, tête dor., non rog.

8. **Asselineau** (Charles). L'Enfer du Bibliophile. Six pointes sèches (en couleurs) par Léon Lebègue. *Paris, Librairie L. Conquet — L. Carteret et Cie, succrs*. 1905, pet. in-8, demi-rel. dos et coins de mar. rouge, dos orné, fil. sur les plats, tête dor., non rog., couv. *(Champs-Stroobants)*.

9. **Balades dans Paris**. Au Moulin de la Galette—A l'Hôtel Drouot — Sur les Quais — Au Luxembourg. Notes inédites par MM. E. R. (Rodrigues). Paul Eudel. B.-H. Gausseron et Adolphe Retté. *Paris, Imprimé pour les Bibliophiles contemporains*, 1894, in-8 écu, mar. vert, double filet, formant encadrem., orchidée mosaïquée aux angles en mar. violet et vert sertis d'or et à froid, filets à l'int., doubl. et gardes de soie, tr. dor. sur brochure, couv. étui (*René Kieffer*).

> Edition tirée à **160** exemplaires (n° 32). illustrée de 4 eaux-fortes en couleurs de Bertrand avec le tirage à part en noir.
> Ornements polychromes de A. Lunois, encadrant le texte.

10. **Balzac** (Honoré de). La Fille aux yeux d'or; avec trente-deux aquarelles de Henri Gervex, reproduites par l'héliogravure en couleurs. *Paris, Calmann Lévy*, 1898, gr. in-8, demi-rel. dos et coins de mar. citron. tète dor.. non rog., couv. (*Champs-Stroobants*).

> Edition tirée à **300** exemplaires sur **papier vélin** (n° 40).

11. **BALZAC** (Honoré de). Histoire de l'Empereur racontée dans une grange par un vieux soldat. Préface de Henry Houssaye. *Paris, Henri Leclerc*, 1904, in-8 carré demi-rel. dos et coins de mar. vert clair, dos orné, tète dor., non rog., couv. (*Champs-Stroobants*).

> L'un des **100** exemplaires sur **papier vélin** (n° 74), avec les eaux-fortes en couleurs dans le texte par Ad. Lalauze, d'après Alphonse Lalauze et une suite en tirage à part des eaux-fortes en noir.

12. **Balzac** (Honoré de). La Maison du Chat-qui-pelote. Préface de Francisque Sarcey. Quarante compositions de Louis Dunki, gravées sur bois par Maurice Baud. *Paris, Librairie L. Conquet — L. Carteret et Cie, succrs*, 1899, in-8 raisin, cart. dos et coins de mar. rouge, dos à 4 nerfs avec ornem. dor. et à froid, fil. sur les plats, non rog., couv. (*Carayon*).

> Tirage unique à **200** exemplaires sur **papier vélin du Marais** à la forme (n° 39).

13. **BANVILLE** (Théodore de). **Les Princesses**. Compositions de Georges Rochegrosse, gravées à l'eau-forte par E. Decisy. *Paris, F. Ferroud,* 1904, gr. in-8, mar. bleu jans., doublé de mar. La Vallière clair, petite bande de mar. vert clair formant encadrem., riche dentelle exécutée en mosaïque sertie d'or, de mar. violet et vert clair, gardes de soie, tr. dor., sur brochure, couv. étui (*Marius Michel*).

L'un des **10** exemplaires sur **papier du Japon** (no 5), contenant **3 états** des eaux-fortes, dont l'eau-forte pure et une **aquarelle originale** inédite de **Georges Rochegrosse**.
Très jolie reliure.

14. **BEAUVAU.** Souvenirs de la maréchale princesse de Beauvau (née Rohan-Chabot), suivis des mémoires du maréchal Prince de Beauvau, recueillis et mis en ordre par Mme Standish (née Noailles), son arrière petite-fille. *Paris, Léon Techener,* 1872, gr. in-8, port., pap. de Hollande. mar. bleu, dos et plats décorés d'un encadrem. de filets droits et brisés, dent. int., tr. dor. sur brochure (*Champs*).

Bel exemplaire en **grand papier de Hollande.**

15. **Béquet** (Etienne). Marie ou le Mouchoir bleu. Notice littéraire par Ad. Racot. Six compositions par de Sta, gravées par Abot. *Paris, L. Conquet,* 1884. in-16, cart. dos et coins de perc., non rog., couv. (*Champs*).

L'un des **200** exemplaires tirés sur **grand papier vélin** (no 100), contenant une double suite avant la lettre des illustrations.

16. **BÉRANGER** (P.-J. de. Œuvres complètes. Tome V. Supplément. *Paris, chez tous les marchands de nouveautés,* 1834, in-8, cart. perc., non rog.

Exemplaire orné sur les marges de **50 aquarelles originales** non signées, mais d'un artiste de talent.

17. **BERTRAND** (Louis). **Gaspard de la nuit**. fantaisies à la manière de Rembrandt et de Callot par Aloysius Ber-

trand, précédé d'une préface par Jules de Marthold. Illustrations de Max Dutzauer. *Paris, Imprimé pour Ch. Meunier*, 1904, gr. in-8, mar. vert, cuirs pyrogravés, couverts
de deux compositions symboliques exécutées dans l'esprit
de l'ouvrage, large bande de mar. vert à l'int., fil. avec fleu-
rette mosaïquée aux angles, doublures et gardes de soie à
ramages, tr. dor. sur brochure, couv. étui *(Ch. Meunier)*.

L'un des **10** exemplaires sur **papier du Japon** (n° 13), contenant une
suite en noir sur Chine de toutes les illustrations et une **aquarelle
originale** de **Max Dutzauer** sur un feuillet de garde.

18. **Bouchot** (Henri). Catherine de Médicis. *Paris, Jean
Boussod, Manzi, Joyant, etc.*, 1899, in-4, nombr. pl. en
héliogr. demi-rel. dos et coins de mar. grenat, dos orné et
fleurdelysé, tête dor., non rog., couv. *(Champs-Stroobants)*.

Édition tirée à 1,000 exemplaires (n° 493).

19. **Boulmier** (Les Villanelles de Joseph). avec des poésies
en langage du XV° siècle. Deuxième édition, ornée d'une
eau-forte par Ad. Lalauze. *Paris, Liseux, 1879, in-16,
mar. bleu, dos à 5 nerfs, branche de muguet en mosaïque
de mar. vert et blanc sur les plats, dent. int., tr. dor. sur
brochure, étui *(Canape)*.

L'un des **25** exemplaires tirés sur **papier vergé de Hollande** (n° 10)
avec **12 épreuves** de l'eau-forte, en noir, en bistre, en sanguine et en
vert, sur Japon, Chine et Hollande.

20. **Bourgeois** (Emile). Le grand siècle, Louis XIV. Les
Arts. Les Idées. d'après Voltaire, Saint-Simon, Spanheim,
Dangeau. M°° de Sévigné, Choisy, La Bruyère, etc. *Paris,
Hachette et Cie, 1896, gr. in-8, fig. dans le texte et hors
texte, veau rouge, dos orné, compart. dorés et à froid, fers
spéciaux, tr. dor. *(Rel. de l'éditeur)*.

21. **Bourget** (Paul). Cruelle Enigme. Illustrations de Marold
et Mittis. *Paris, A. Lemerre, 1893, in-12, demi-rel. dos
et coins de chag. vert poli, fil. sur les plats, tête dor., non
rog., couv.

22. **Brillat-Savarin**. Physiologie du Goût, illustrée par Bertall, précédée d'une notice biographique par Alph. Karr. Dessins à part du texte, gravés sur acier par Ch. Geoffroy. Gravures sur bois, intercalées dans le texte par Midderigh. *Paris, G. de Gonet*, s. d. (1848), gr. in-8, fig., mar. orange jans., dent. int., tête dor., non rog., couv. (*Guétant*).

> Exemplaire de premier tirage, auquel on a ajouté une suite de 1 portrait et 52 vignettes gravées à l'eau-forte par Lalauze, épreuves sur **Japon avant la lettre**.

23. **CARRACHE**. L'Arétin d'Auguste Carrache, ou Recueil de postures ér......, d'après les gravures à l'eau-forte par cet artiste célèbre, avec le texte explicatif des sujets (par Croze-Magnan). *A la Nouvelle Cythère* (*Paris, P. Didot*, 1798), gr. in-4, fig., mar. rouge, dos, coins et milieux ornés de mosaïque de mar. vert avec branches de roses or, milieux dorés à petits fers, dent. int., tr. dor. sur brochure (*Niédrée*).

> 20 planches gravées par Coiny.
> C'est le plus artistique des livres de ce genre sous le rapport de l'exécution des dessins (*Cohen, Guide de l'Amateur de Livres du XVIIIᵉ siecle*).

24. **Caylus** (Mᵐᵉ de). Souvenirs. Nouvelle édition, avec une introduction et des notes par M. Charles Asselineau. *Paris, J. Techener*, 1860, in-12, portr. et fig. (4) grav. sur acier d'après J. Leman, mar. vert olive, ornement de filets droits, entrelacés et au pointillé sur le dos et les plats, dent. int., tr. dor. sur brochure, étui.

> Bel exemplaire tiré sur **papier de Hollande**, avec le portrait et les figures en **2 états** avant et après les cadres.

25. **CHAMPFLEURY**. Le Violon de Faïence. Nouvelle édition illustrée de 34 eaux-fortes de Jules Adeline, avant-propos de l'auteur. *Paris, L. Conquet*, 1885, in-8 écu, mar. bleu jans., doublé de mar. citron, comp. de fil. avec feuillage

aux angles, violon mosaïqué en mar. bleu et brun couvert de dorure aux petits fers, doubles gardes, tr. dor. sur brochure, couv., étui (*Chambolle-Duru*).

Exemplaire tiré sur **papier du Japon** contenant :
1º Trois états des gravures, eau-forte pure, avant la lettre et avec la lettre.
2º Une **aquarelle originale de J. Adeline**, sur le faux titre.
3º Une **aquarelle originale** avec portrait de l'auteur par **Paillet**, à la fin de l'avant-propos.

26. **CHÉNIER** (André). Les Bucoliques, publiées d'après le manuscrit original dans un ordre nouveau par José-Maria de Hérédia. *Paris, Imprimé pour Charles Meunier*, 1905, gr. in-8, veau raciné rouge feu, portant sur le premier plat encastrée dans le cartonnage, une plaquette en bronze de Denys Puech, réduction du monument en marbre, non rog., étui (*Ch. Meunier*).

L'un des **150** exemplaires sur **papier vélin du Marais** (nº 62), contenant :
1º Les lithographies de Fantin-Latour en 3 états, savoir : 1 état en noir sur vélin, 1 état en sanguine avec remarques sur Chine, et 1 état sur Japon pelure en noir avec remarques.
2º Le tirage à part des en-têtes et culs-de-lampe de S. da Fonseca en 2 états avec remarques, tirés sur Chine en bistre et sur Japon pelure en noir.

27. **Choiseul-Meuse**. Entre Chien et Loup. Sur l'Imprimé de Hambourg (1809). *A Bruxelles, chez Henry Kistemaeckers*, s. d. (1881). in-8, cart. dos et coins de perc., non rog., couv.

On y joint :
Paris ou le Paradis des Femmes par l'auteur de Entre Chien et Loup (Choiseul-Meuse). *Sur l'Imprimé de 1821, à Bruxelles, chez H. Kistemaeckers, s. d.*, in-12, front. de Rops, cart. dos et coins de mar. vert, non rog., couv. (*Champs*).

28. **CLARETIE** (Jules). La Canne de M. Michelet — Promenades et Souvenirs — Préface par Alfred Mézières. Douze compositions de P. Jazet, gravées à l'eau-forte par H. Toussaint. *Paris, L. Conquet*, 1886, in-8, mar. rouge,

dos mosaïqué et attributs dor., comp. de fil. droits et au
pointillé sur les plats, mosaïque de mar. bleu avec attributs
dor. aux angles, dent. int., doubles gardes, tr. dor. sur
brochure, couv. (*P. Ruban*).

> L'un des **75** exemplaires tirés sur **grand papier du Japon**, avec
> **2 états** des planches, dont l'avant la lettre.
> **Aquarelle originale** de **H. de Sta** à pleine page sur Japon.

29. **Coignet**. Les Cahiers du Capitaine Coignet (1776-1850)
publiés d'après le manuscrit original par Lorédan Larchey
avec 84 gravures en couleurs et en noir d'après les dessins
de Julien Le Blant. *Paris, Hachette et Cie*, 1896, in-4,
demi-rel. dos et coins de mar. rouge, dos orné, tête dor.,
non rog., couv. (*Champs*).

> L'un des **40** exemplaires sur **papier du Japon** (nº 11) contenant une
> suite des planches hors texte gravées en taille-douce **imprimées en
> couleurs** à la poupée avec remarques de l'artiste et une seconde suite
> des planches tirées en noir.

30. **Collection antique** (Petite). *Paris, Quantin*, 1879-
1887, 7 vol. in-32, pap. vél., texte entouré d'ornem. en divers tons, fig., demi-rel. dos et coins de mar. rouge, dos
ornés, fil. sur les plats, tête dor., non rog., couv. (*Champs*).

> Musée. Héro et Léandre. — Ovide. Les Amours. — Tatius. Leucippe
> et Clitophon. — Lucien. Dialogues des Courtisanes. — Virgile. Les Buco-
> liques. — Théocrite. — Les Idylles. — Lucius. L'Ane.
> Manque la couverture pour Ovide.

31. **Collection Lahure**. *Paris, Lahure, Roureyre et Blond*,
1883-84, 3 vol. in-8, pap. vélin teinté, demi-rel. dos et coins
de mar. rouge et vert, dos ornés à petits fers, fil. sur les
plats, tête dor., non rog., couv. (*Champs*).

> Le Conte de l'Archer, par A. Silvestre, aquarelles de A. Poirson, gra-
> vées par Gillot. — Voyage de Paris à Saint-Cloud, par mer, et retour de
> Saint-Cloud à Paris, par terre, par Néel, aquarelles de Jeanniot, gravées
> par Gillot. — La Matrone du Pays de Soung. — Les Deux Jumelles
> (contes chinois), avec une préface par E. Legrand, aquarelles de V.-A.
> Poirson.

32. COLLECTION PICKERING. *Londini,* 1821-1831,
12 vol. in-48, veau fauve, dos ornés, fil., tr. rouges
(*Paillet*).

> Catullus. Tibullus et Propertius. — M. E. Ciceronis libri de Officiis, de
> Senectute et de Amicitia.— La Divina Comedia di Dante Alighieri, 2 vol.
> — Homeri. Ilias et Odyssea, 2 vol. — Quintus Horatius Flaccus. Opera.
> — Le Rime del Petrarca. — La Gerusalemme liberata di Torquato
> Tasso, 2 vol. — Publius Terentius Afer. — Publius Virgilius Maro.

33. Coutepoff (Nicolas). La Chasse Grand-Ducale et Tsa-
rienne en Russie. Période du Xe au XVIe siècle. Essai historique de Nicolas Coutepoff, colonel de la Garde et sous-
chef de la Chasse impériale. Edition illustrée par le profes-
seur V.-M. Vashetsoff et l'académicien N.-S. Samokiche.
Saint-Pétersbourg, 1896, in-4. cart., veau fauve, fers spéciaux et ornem. en couleurs, tr. dor., coins en métal (*Cart.
de l'éditeur*).

34. Daudet (Alphonse). Contes choisis, avec sept eaux-fortes
par E. Burnand. *Paris, Librairie des bibliophiles,* 1883,
in-8 écu, demi-rel. dos et coins de mar. La Vallière, dos
orné, fil. sur les plats, tête dor., non rog., couv. (*Champs*).

35. DAUDET (Alphonse). Fromont jeune et Risler ainé,
mœurs parisiennes. Notice littéraire par Gustave Geffroy.
Douze compositions de Em. Bayard, gravées à l'eau-forte
par J. Massard. *Paris, L. Conquet,* 1885, 2 vol. in-8,
mar. bleu, comp. de 6 fil. droits et entrelacés sur les dos et
les plats, doublures et gardes de soie à fleurs, bandes de
mar. bleu avec filets formant encadrement, doubles gardes.
tr. dor. sur brochure, couv. (*Lortic fils*).

> L'un des **125** exemplaires sur **papier du Japon** (n° 68), contenant **2
> états** des gravures (avant et avec la lettre) auquel on a ajouté : un **état
> intermédiaire** avant toute lettre.

36. DAUDET (Alphonse). **Sapho,** mœurs parisiennes. *Paris, G. Charpentier et Cie.* 1884, in-12, mar. violet. comp.
de fil. droits, courbés et entrelacés, 5 sur le dos et 8 sur les

plats, doublé de mar. rouge, comp. de 6 fil. formant encadrement, gardes en soie, doubles gardes, tr. dor. sur brochure, couv. (*M. Lortic*).

> Edition originale avec la couverture.
> L'un des **175** exemplaires sur **papier de Hollande** (n° 134) **enrichi
> de 22 aquarelles originales de Albert Guillaume**.

37. **DELORME** (Hugues). **Quais et Trottoirs**. 13 lithographies en couleurs de Heidbrinck. *Paris, Imprimé pour les
Cent Bibliophiles*. 1898. in-8, cart. dos et coins de mar.
brun, dos orné et mosaïqué, non rog., couv. illust. (*Ca-
ravon*).

> Tiré à **115** exemplaires (n° 16).
> Exemplaire auquel on a ajouté **12 dessins originaux** à la plume
> rehaussés de crayon bleu, par **Heidbrinck**.

38. **Delvau** (Alfred). Les Heures parisiennes. 25 eaux-fortes
d'Emile Benassit. *Paris, Librairie centrale*, 1866. in-12,
demi-rel. dos et coins de mar. bleu, dos sans nerfs avec
ornem. dor., tête dor., non rog., couv. (*Lafontaine*).

> Edition originale avec la couverture.
> L'un des **100** exemplaires tirés sur **papier de Hollande** (n° 83).

39. **Diderot**. Le Neveu de Rameau, satire par Denis Diderot, revue sur les textes originaux et annotée par Maurice
Tourneux. Portrait et illustrations par F.-A. Milius. *Paris, P. Rouquette*, 1884, in-8, cart. dos et coins de mar.
bleu clair jans., non rog., couv. (*Champs*).

> Tiré à **500** exemplaires numérotés (n° 472).
> L'un des 350 sur papier vergé avec les gravures en **2 états** avant et
> avec la lettre.

40. **DIEHL** (Charles). Théodora, Impératrice de Byzance.
Illustrations (en couleurs) de Manuel Orazi. *Paris, l'Edition d'Art, H. Piazza et Cie*. 1904. petit in-4 carré, demi-
rel. dos et coins de mar. La Vallière, dos mosaïqué, fil. sur
les plats, tête dor., non rog., couv. (*Champs-Stroobants*).

> Tiré à **300** exemplaires numérotés (n° 203).
> L'un des 200 sur papier vélin à la cuve, de Blanchet frères et Kléber.

41. **Dix-huitième** (Le) siècle. Les mœurs, Les Arts. Les Idées. Récits et témoignages contemporains. *A Paris, chez Hachette et Cie*, 1899, gr. in-8, nombr. fig. dans le texte et hors texte, mar. vert à long grain, dos orné, compart. de fil. ornés de feuillages, tr. dor. *(Rel. de l'éditeur).*

42. **Dorat**. Les Baisers précédés du mois de Mai. Réimpression textuelle sur l'édition originale de 1770 avec les gravures d'Eisen. *Rouen, J. Lemonnyer*, 1880, in-8, fig. demi-rel. dos et coins de mar. rouge, tête dor. non rog., couv.

43. **Doucet** (Jérôme) de Montfrileux. Cure d'Amour, comédie en un acte, en vers. Musique de scène de F. Le Rey. *Lyon, Imprimerie de A. Storck*, 1892, in-8 carré, mar. bleu, dos à 5 nerfs. plats ornés de branches de fleurs. de clochettes en mosaïque de mar. brun, vert et rouge serties d'or, doublures et gardes de soie brochée, bandes de mar. bleu avec comp. de fil. formant encadrem., doubles gardes, tr. dor. sur brochure, étui. *(Canape).*

> Édition originale.
> Exemplaire tiré sur **papier du Japon** enrichi de **trois dessins originaux** à l'encre de chine par **A. Andréal.**

44. **DROZ** (Gustave). Monsieur, Madame et Bébé. *Paris. J. Hetzel*, 1866, in-12, mar. rouge, dos et plats ornés en mosaïque à froid, composition florale enguirlandant le titre de l'ouvrage, mosaïqué en mar. gris fer, fil à l'int., fleurettes aux angles, doublures et gardes de soie à fleurs, doubles gardes, tr. dor. sur brochure. couv.. étui. *(Ch. Meunier).*

> Édition originale avec la couverture.
> Très bel exemplaire.

45. **Du Buisson.** Tableau de la Volupté, poème en vers, par M. D. B. (Du Buisson). Réimpression sur l'édition de : *A Cythère.* 1771. *Paris, E. Rouverre*, 1882, in-8, pap. Sey-

chall Mill, titre bleu et noir, front., fig., vign. et culs-de-
lampe d'après Eisen, demi-rel.dos et coins de mar. rouge.
dos orné à petits fers, fil. sur les plats, tête dor., non rog.,
couv. (*Champs*).

46. **Dubut de Laforest**. Le Rêve d'un viveur. Illustrations
de MM. Jean Béraud, Boutet, Chevalier, H. Pille, H. Ri-
vière, Willette, etc... *Paris. Ed. Rouveyre*, 1884, in-8,
port. et fig. demi-rel., dos et coins de mar. grenat, dos
orné, tête dor. non rog., couv. (*Champs*).

47. **DUMAS** (Alexandre). **La Dame de Monsoreau**. Compositions de Maurice Leloir. Gravures sur bois de J. Huyot.
Paris, Calmann-Lévy, 1903, 2 vol. gr. in-8, demi-rel. dos
et coins de mar. grenat, dos ornés de fers azurés, têtes dor.
non rog., couv. (*Champs*).

    L'un des **150** exemplaires sur **papier de Chine** (n° 41) avec les tira-
ges à part sur Chine de chaque gravure.

48. **Dumas** (Alexandre). Les Trois Mousquetaires avec une
lettre d'Alexandre Dumas fils. Compositions de Maurice
Leloir. Gravures sur bois de J. Huyot. *Paris, Calmann-
Lévy*, 1894. 2 vol. gr. in-8, demi-rel. dos et coins de mar.
grenat, dos plats ornés d'un trophée, tête dor. non rog.
(*Pouillet*).

49. **Dumas** (Alexandre). Une vie d'Artiste. Illustrations de
Gaston Mélingue. *Paris, Calmann-Lévy*. 1902, gr. in-8,
demi-rel. dos et coins de mar. rouge, dos orné, tête dor.
non rog., couv. imp. en coul. (*Champs-Stroobants*).

50. **Dumas fils** (Alexandre. La Dame aux Camélias. Préface
de Jules Janin et nouvelle préface inédite de l'auteur. Illustrations de A. Lynch. *Paris, Maison Quantin, s. d.*, in-4,
demi-rel. dos et coins de mar. brun, tête dor. non rog.,
couv. impr. en coul.

51. **Dumas fils** (Alexandre). Ilka — Pile ou face — Souvenirs de jeunesse — Le Songe d'une nuit d'été — Au Docteur J. P***. Illustrations de Marold. *Paris, Calmann-Lévy*, 1896, pet. in-8 carré, mar. violet, dos orné, comp. de 12 fil. droits et entrelacés sur les plats, doublures et gardes de soie avec fleurs, bandes de mar. violet avec fil. formant encadrement, doubles gardes, tr. dor. sur brochure, couv., étui (*Canape*).

Édition originale, avec la couverture.
L'un des **125** exemplaires tirés sur **papier de Chine** (n° 48) auquel on a ajouté le portrait de l'auteur, gravé à l'eau forte par Burney, épreuve sur **Japon avant la lettre**.

52. **DUMONT** (Maurice). La Dame inexorable. *S. l.*, 1894, in-8, mar. gris perle, compositions florales sur les plats, exécutées en mosaïque à froid, pavots en mar. violet à trois tons et feuillages en mar. vert à deux tons ; bouquet de lys en mar. crème, citron et vert, bande de mar. gris perle à l'intér. guirlandes de fleurettes en mosaïque sertie d'or de mar. rose à deux tons, doublures et gardes de satin, tr. dor. sur br. couv., étui (*P. Ruban* 1898).

Suite de 7 planches lithographiées par Maurice Dumont en **2 états**, l'un en bleu, l'autre en bistre.

53. **Duret** (Théodore). Histoire J. Mc N. Whistler et de son œuvre par Théodore Duret. *Paris, H. Floury*, 1904, gr. in-8 carré, nomb. fig. héliog., gravures à l'eau-forte et sur bois, demi-rel. dos et coins de mar. La Vall., dos orné et mosaïqué, tête dor. non rog. couv. (*Champs-Stroobants*).

54. **Feuillet** (Octave). Julia de Trécœur. Edition illustrée de 1 frontispice et 15 vignettes dessinés par Henriot et gravés par Clapès. *Paris, Calmann-Lévy*, 1885, in-12 carré, pap. vergé, demi-rel., dos et coins de mar. vert, dos orné à petits fers et mosaïqué, fil. sur les plats, tête dor., non rog., couv. (*Champs-Stroobants*).

55. **Feuillet** (Octave). Monsieur de Camors. Onze compositions par S. Rejchan, gravées à l'eau-forte par Mme Louveau-
Rouveyre, MM. Daumont et Duvivier. *Paris, Quantin,*
1885, in-8, demi-rel. dos et coins de mar. rouge, dos orné
à petits fers, fil. sur les plats, tète dor., non rog., couv.
(*Champs-Stroobants*).

56. **FIÉVÉE** (Joseph). **La Dot de Suzette**, avec une notice
biographique inédite. Illustrations par V. Foulquier. *Paris,*
Imprimé pour les Amis des Livres, par Chamerot et
Renouard, 1892, pet. in-8, pap. vélin à la cuve, mar. rouge
clair, dos sans nerfs, mosaïqué, fil., dent. int., tète dor.,
non rog., couv. (*Champs*).

Édition tirée à **115** exemplaires numérotés (n° 95) avec le tirage à part
en deux états.
Publié par les soins de MM. Abel Giraudeau et Jean Paillet.

57. **FLAUBERT** (Gustave) **Bouvard et Pécuchet**. Illustrations de Ch. Huard. *Paris, l'Édition d'art H. Piazza et*
Cie, 1904, 2 vol. gr. in-8, demi-rel. dos et coins de mar.
chaudron, dos ornés et mosaïqués, têtes dor., non rog.,
couv. (*Champs-Stroobants*).

Édition tirée à **30 exemplaires** (n° 17) illustrée de nombreuses
eaux-fortes en noir dans le texte et en couleurs hors texte.
Une **aquarelle originale** et un **dessin au crayon** de **Ch. Huard**.

58. **FLAUBERT** (Gustave). Un cœur simple, illustré de
vingt-trois compositions par Emile Adan gravées à l'eau-
forte par Champollion. Préface par A. de Claye. *Paris,*
A. Ferroud, 1894, in-8, mar. vert olive jans. doublé de
mar. La Vall. composition florale en mosaïque sans or,
exécutée en mar. modelés de diverses nuances, gardes de
satin vert, tr. dor. sur brochure couv. étui (*Raparlier*).

Exemplaire sur **grand papier vélin d'Arches** contenant **2 états**
des eaux-fortes dont l'avant lettre avec remarque, offert par l'éditeur (nom
gratté).
Très curieuse reliure de Raparlier.

5ɔ. **Flaubert** (Gustave). Lettres à George Sand, précédées
d'une étude, par Guy de Maupassant. *Paris, G. Charpentier et Cie*, 1884, in-12, cart. dos et coins de perc., tête éb.,
non rog.

Édition originale, avec la couverture.

6o. **Forain** (J.-L.). La Comédie Parisienne. Deuxième série.
188 dessins. *Paris, Plon, s. d.*, pet. in-8 carré, demi-rel.
dos et coins de mar. vert clair, dos mosaïqué, fil. sur les
plats, tête dor., non rog., couv. (*Champs-Stroobants*).

L'un des **100** exemplaires tirés sur **papier de Chine** (n° 42) et réservés
pour la librairie Conquet.

61. **France** (Anatole). Clio. Illustrations (en couleurs) de
Mucha. *Paris. Calmann-Lévy*, 1900, pet. in-8 carré, mar.
bleu foncé, dos à 5 nerfs, sur le plat supérieur une lyre en
mosaïque de mar. La Vallière sertie or ornée à sa partie
inférieure d'une palme en mosaïque de mar. vert, doublures
et gardes de soie à fleurs, bandes de mar. avec comp. de
fil. formant encadrem., tr. dor. sur brochure, couv., étui.
(*Canape*).

Édition originale, avec la couverture.
L'un des **50** exemplaires tirés sur **papier de Chine** (n° 13) avec une
double suite des gravures (en couleurs et au trait).

62. **France** (Anatole). Histoire comique. Pointes sèches et
eaux-fortes de Edgar Chahine. *Paris, Calmann-Lévy, s. d.*,
(1905), in-8 carré, demi-rel. dos et coins de mar. rouge, dos
orné et mosaïqué, tête dor. non rog., couv. (*Champs-Stroobants*).

L'un des **200** exemplaires sur **papier à la cuve** (n° 156).

63. **France** (Anatole). Histoire de Dona Maria d'Avalos et de
don Fabricio, duc d'Andria, manuscrite et enluminée par
Léon Lebègue. *Paris, Librairie des Bibliophiles.* 1902,

in-8 écu demi-rel. dos et coins de mar. gris fer, dos orné et mosaïqué, tête dor. non rog., couv. (*Champs-Stroobants*).

Exemplaire sur **papier du Japon** contenant le tirage à part en noir sur Chines de toutes les illustrations en couleurs.

64. **FRANCE** (Anatole). Le Lys rouge. Compositions de A. F. Gorguet gravées sur bois par Desmoulins, Dutheil, Romagnol et en couleurs par Ch. Thouvenin. *Paris, A. Romagnol,* 1903, gr. in-8, port. et fig. demi-rel. dos et coins de mar. vert, dos orné de fleurs de lys rouge. tête dor. non rog., couv. (*Champs-Stroobants*).

L'un des **45** exemplaires sur **papier vélin d'Arches** (n° 70) contenant **deux états** des planches hors texte, l'état terminé en **couleurs** avec remarque et l'état avant la lettre et une suite sur Chine des bois du texte.

65. **FRANCE** (Anatole). **Le Procurateur de Judée** *Paris, Société des Amis des Livres,* 1902, in-12, demi-rel. dos et coins de mar. olive, dos orné, fil. sur les plats. tête dor. non rog., couv. (*Champs-Stroobants*).

Tiré à **130** exemplaires numérotés (n° 29), publié sous la direction de MM. Victor Mercier et Raymond Claude-Lafontaine, d'après l'édition originale tirée de l'Étui de Nacre.
Compositions de Aug.-Fr. Gorguet, gravées à l'eau-forte par Louis Muller.
Texte buriné par Frédéric Pimpe.
Tirage en taille-douce par Ch. Wittmann.

66. **Gautier** (Théophile). Émaux et Camées. *Paris, Eug. Didier.* 1853, in-16. demi-rel. dos et coins de mar. rouge, dos orné à petits fers et mosaïqué, tête dor. non rog.

On a ajouté une figure en couleur comme frontispice.

67. **GAUTIER** (Théophile). Émaux et Camées. Cent douze Dessins de Gustave Fraipont, préface par Maxime Du Camp. *Paris, L. Conquet,* 1887, in-16. mar. rouge. dos orné, fil.. doublé de mar. La Vallière foncé, fil., milieux dorés entourés d'une branche de myosotis en mosaïque de

mar. bleu et vert, doubles gardes, tr. dor. sur brochure,
couv. (*Chambolle-Duru*).

> L'un des **30** exemplaires tirés sur **papier du Japon** (n° 24) contenant
> le Musée Secret (Prime aux Souscripteurs).
> Enrichi de **deux aquarelles originales** de **G. Fraipont**, l'illustrateur du livre.

68. **Gautier** (Théophile). Fortunio. Réimpression textuelle de
l'édition originale. Vingt-quatre lithographies en couleurs de
A. Lunois. *Paris. Librairie des Bibliophiles. L. Carteret*,
1898, in-8 écu, cart. dos et coins de mar. citron, non rog.,
couv. (*Carayon*).

> L'un des **XX** exemplaires sur **papier du Japon** (n° II) contenant une
> **quadruple suite** des états (premier état, tirages à part en noir, lithographies terminées en couleurs, pierres rayées).

69. **GAUTIER** (Théophile). **Mademoiselle de Maupin**.
Double amour. Réimpression textuelle de l'édition originale.
Notice bibliographique par M. Charles de Lovenjoul. *Paris,
L. Conquet, G. Charpentier*, 1883, 2 vol., gr. in-8, mar.
orange, dos ornés, fil. doublé de mar. rouge, dent. fil. et
perle en bordure, gardes de tabis orange, tr. sur. brochure
couv. étuis. (*Allô*).

> Très bel exemplaire sur **papier du Japon** contenant les eaux-fortes
> de Toudouze et les portraits de Louis Leloir en **3 états** dont l'**eau-forte
> pure**.
> On y a ajouté :
> 1° 2 portraits de Th. Gautier, eaux-fortes non signées, épreuves avant
> la lettre.
> 2° 1 portrait de Th. Gautier gravé à l'eau-forte par Bracquemond d'après
> Nadar.
> 3° 1 portrait de Th. Gautier gravé par Chauvel, épreuve avant la lettre.
> 4° 1 portrait de Th. Gautier gravé sur acier d'après Nadar.
> 5° 1 portrait de Th. Gautier par Grandville en 2 états, dont l'un en
> bistre.
> 6° 1 portrait de Th. Gautier par lui-même, gravé par Valentin.
> 7° 1 portrait de Th. Gautier gravé par Thérond.
> 8° Une eau-forte de Félicien Rops.
> Épreuve avant la lettre.
> 9° Les portraits refusés d'Albert et de la Maupin dessinés par Jeanniot
> gravés par Burney en 3 états dont l'eau-forte pure.

10º Une composition refusée de Jeanniot, gravée par Boulard en 4 états dont l'eau-forte pure.

11º Une composition refusée de Toudouze gravée par Champollion en 3 états dont l'eau-forte pure.

70. **Gautier** (Théophile). Une nuit de Cléopâtre illustrée de vingt et une compositions par Paul Avril. Préface par Anatole France. *Paris. A. Ferroud*, 1894, in-8. mar. vert, bandes de mar. rouge et bleu sur les plats, passant par le dos en diagonales, encadrem. de filets, fleurs de lotus mosaïquées aux angles, doublé de mar. citron, dent., gardes de moire rose, tête dor. non rog., couv. (*Galland*).

L'un des **40** exemplaires sur **papier du Japon** (nº 45) contenant **3 états** des eaux-fortes : eaux-fortes pures, eaux-fortes terminées avant la lettre avec remarques et eaux-fortes avec la lettre.

71. **GAUTIER** (Théophile). Le Roi Candaule, illustré de vingt et une compositions par Paul Avril. Préface par Anatole France. *Paris, A, Ferroud*, 1893, in-8, mar. rouge jans., doublé de mar. La Vall. foncé, guirlande de fleurs de lotus formant encadrem. exécutées en mosaïque sertie d'or, gardes de soie grenat. tr. dor. sur brochure, couv., étui (*Raparlier*).

L'un des **50** exemplaires sur **grand papier vélin d'Arches** contenant **2 états** des eaux-fortes dont l'avant lettre avec remarques.

72. **GÉRARD DE NERVAL**. Sylvie, souvenirs du Valois, préface par Ludovic Halévy, 42 compositions dessinées et gravées à l'eau-forte par Ed. Rudaux. *Paris, L. Conquet*, 1886, in-12, mar. bleu, dos et plats ornés en mosaïque sertie d'or, filets encadrant de petites branches de roses en mosaïque de mar. rouge, doublures et gardes de soie brochée, bandes de mar. bleu avec fil. et ornem. dor. formant encadrem., doubles gardes, tr. dor. sur brochure, couv. (*Marius-Michel*).

Exemplaire tiré sur **papier du Japon** (nº 61), avec les eaux-fortes en **3 états** dont l'eau-forte pure.

73. **Gineste** (Raoul). Soirs de Paris. Dessins de Minartz, gravés sur bois par Paillard. *Paris, Imprimé pour Henri Béraldi, par Lahure*, 1903, in-8, demi-rel. dos et coins de mar. rouge lie de vin. dos mosaïqué, fil. sur les plats, tête dor., non rog., couv. (*Champs-Stroobants*).

> Tirage unique à **138** exemplaires numérotés à la presse sur **papier vélin de cuve** des papeteries du Marais (n° 51).

74. **GŒTHE**. Werther par Gœthe traduction nouvelle précédée de considérations sur Werther et en général sur la poésie de notre époque par Pierre Leroux accompagnée d'une préface par George Sand. Dix eaux-fortes par Tony Johannot. *Paris, publié par J. Hetzel*, 1845. gr. in-8, mar. vert, dos orné, médaillon avec les portraits de Werther et Charlotte exécutés à froid, ornem. de feuillage, fil. à l'int. tr. dor., sur brochure.

> Très belle reliure.

75. **Goncourt** (Edmond et Jules de). L'Amour au XVIII° siècle. *Paris, Dentu.* 1875, pet. in-8 carré, texte avec encadrem. par Meaulle, front. à l'eau-forte par Boilvin, mar. bleu jans., doublé de mar. orange, fil. et ornem. dor. formant encadrem., doubles gardes, tr. dor. sur brochure, étui (*Bretault*).

> Bel exemplaire tiré sur **papier Whatman**, auquel on a ajouté : les portraits des auteurs. gravés à l'eau-forte par Boilvin et Rajon, épreuves sur **Chine volant** avant la lettre.

76. **Goncourt** (Edmond et Jules de). La Femme au dix-huitième siècle. Nouvelle édition, revue, augmentée et illustrée de soixante-quatre reproductions sur cuivre par Dujardin d'après des originaux de l'époque. *Paris, Firmin-Didot et Cie*, 1887, pet. in-4. demi-rel. dos et coins de mar. rouge. dos orné, tête dor., non rog., couv. (*H. Lard*).

77. **Goncourt** (Edmond et Jules de). Histoire de la Société française pendant la Révolution par Edmond et Jules Gon-

court. *Paris, Maison Quantin*, 1889, in-4, nombr. fig.
planches noires et coloriées, demi-rel. dos et coins de chag.
grenat, dos orné, tête dor. non rog.

78. **Goncourt** (Edmond et Jules de). Histoire de Marie-Antoinette. Edition ornée d'encadrements à chaque page par
Giacomelli et de douze planches hors texte. Reproductions
d'originaux du XVIIIe siècle. *Paris, C. Charpentier*, 1878,
pet. in-4, demi-rel. dos et coins de mar. grenat foncé, dos
orné, tête dor. non rog.

79. **Goncourt** (Edmond et Jules de). Madame de Pompadour. Nouvelle édition revue et augmentée de lettres et documents inédits, illustrée de cinquante-cinq reproductions
sur cuivre par Dujardin et de deux planches en couleurs par
Quinsac d'après des originaux de l'époque. *Paris, Firmin
Didot et Cie*, pet. in-4, demi-rel. dos et coins de mar. bleu,
dos orné, tête dor. non rog. (*Champs-Stroobants*).

Exemplaire sur **papier du Japon**.

80. **GONCOURT**. (Edmond de). La Fille Elisa. Compositions et eaux-fortes originales de Georges Jeanniot. *Paris,
E. Testard*, 1895, in-8, demi-rel. dos et coins de mar.
bleu, dos orné et mosaïqué, tête dor. non rog., couv. (*Champs-
Stroobants*).

L'un des **38** exemplaires sur **papier de Chine** (n° 13) avec une **qua -
druple suite** des eaux-fortes : eaux-fortes avec la lettre, eaux-fortes terminées avant la lettre avec remarque ; eaux-fortes pures avec remarques,
eaux-fortes terminées avant la lettre tirées en bistre.
Un tirage à part sur Chine de toutes les gravures sur bois.

81. **GOSSE** (Edmund). Peintres et graveurs anglais du XVIIIe
siècle (de Kneller à Reynolds), par Edmund Gosse LL. D.
bibliothécaire de la Chambre des Lords. *Paris, Manzi.
Joyant et Cie*, 1906. gr. in-4, nombr. planches en héliogr.,
br., couv.

Ouvrage tiré à **300** exemplaires sur **papier à la cuve** (n° 99).

82. **Gourdan**. Correspondance de Madame Gourdan, dite La
Petite Comtesse, pour servir à l'histoire des mœurs du
siècle, et principalement de celles de Paris. Nouvelle édition
augmentée de lettres inédites, de notes, suivie de la descrip-
tion de sa maison et des diverses curiosités qui s'y trouvent,
et précédée d'une Etude-Causerie sur les sérails du XVIIIᵉ
siècle, par Octave Uzanne. *Bruxelles, H. Kistemaeckers,*
1883. in-8, pap. vergé teinté, titre r. et n., texte encadré
de fil. r., figure à l'eau-forte, demi-rel. dos et coins de mar.
bleu clair. dos orné, fil. sur les plats. tête dor., non rog..
couv. (*Champs*).

83. **Grand-Carteret** (John). XIXᵉ siècle (en France). Classes
— Mœurs — Usages — Costumes — Inventions. Ouvrage
illustré d'un frontispice chromotypographique, de 16 planches coloriées aux patrons, de 36 en-têtes et lettres ornées
et de 487 gravures (dont 24 tirées hors texte), d'après les
principaux artistes du siècle et à l'aide des procédés mo-
dernes. *Paris. Firmin Didot et Cie,* 1893. gr. in-8, demi-
rel dos et coins de chag. rouge. dos orné, tête dor.. non rog.
(*Ritter*).

84. **Gréard** (O.). Jean-Louis-Ernest Meissonier. Ses souvenirs. ses entretiens précédés d'une étude sur sa vie et son
œuvre. *Paris. Hachette et Cie,* 1897. gr. in-8, nombreuses
reproductions dans le texte et hors texte, demi-rel. dos et
coins de mar. La Vallière. dos orné. tête dor., non rog..
couv. (*Champs-Stroobants*).

85. **Guerre** (La) racontée par l'image d'après les sculpteurs,
les graveurs et les peintres. *Paris, Hachette et Cie,* 1903,
gr. in-8. nombr. fig. dans le texte et hors texte, mar. citron.
dos et plats ornés à froid, fil. dorés, tr. dor. (*Rel. de l'éditeur*).

86. **Halévy** (Ludovic). Deux Mariages. *Paris, Calmann
Lévy,* 1883, in-12 carré, pap. vergé, demi-rel. dos et coins

de mar. bleu clair, dos orné, fil. sur les plats, tête dor., non rog., couv. (*Champs*).

87. **Halévy** (Ludovic). La Famille Cardinal. Edition illustrée de 1 frontispice et 8 vignettes dessinés par E. Mas et gravés par J. Massard. *Paris, Calmann Lévy*, 1883, in-12 carré, pap. vergé, demi-rel. dos et coins de mar. orange, dos orné à petits fers et mosaïqué, fil. sur les plats, tête dor., non rog., couv. (*Champs*).

88. **Halévy** (Ludovic). La Famille Cardinal. Illustrations de Charles Léandre. *Paris, E. Testard*, 1893, gr. in-8, port. gravé par Abot, mar. orange. dos orné et mosaïqué, filets formant encadrem., milieux ornés et mosaïqués. dent. int., doublures et gardes de soie, tr. dor. sur brochure. couv. (*Pagnant*).

L'un des **35** exemplaires sur **papier de Chine** (nº 82), contenant les eaux-fortes en **5 états**, savoir : l'état avec la lettre, l'eau-forte pure, l'état avant la lettre avec remarque, l'état terminé avant la lettre, tiré en bistre, l'état terminé tiré sur **satin**.

89. **Halévy** (Ludovic). Mariette. Quarante compositions de Henry Somm. *Paris, L. Conquet*, 1893, in-8, mar. vert dos à 5 nerfs, ornem. de fil. sur les plats, sur le plat supérieur branches de fleurettes en mosaïque de mar. brun, vert et rouge serties or, doublures et gardes de soie brochée, larges bandes de mar. vert, filets et ornem. aux angles formant encadrement, doubles gardes. tr. dor. sur brochure. couv. (*Marius Michel*).

L'un des **100** exemplaires tirés sur **papier du Japon** (nº 63), avec les encadrements peints à l'aquarelle et le tirage à part, en noir sur Chine, de ces encadrements.

90. **Halévy** (Ludovic). Notes et Souvenirs. De mai à Décembre 1871. *Paris, Boussod, Valadon et Cie*, 1888. in-4, pl. en héliogr. mar. orange, dent. int., tr. dor., couv. (*Zaehndorf*).

Edition tirée à **200** exemplaires sur **papier du Japon** (nº 28).

91. **Halévy** (Ludovic). Trois coups de foudre. Dix dessins de Kauffmann, gravés par T. de Mare. *Paris, L. Conquet,* 1886, in-16, mar. La Vallière, comp. de fil. droits et entrelacés sur le dos et les plats, doublé de mar. vert, comp. de fil. droits et courbés or et à froid, branches de mimosa en mosaïque de mar. de diverses couleurs, gardes en soie, doubles gardes, tr. dor. sur brochure, couv. étui (*Chambolle-Duru*).

> L'un des **30** exemplaires tirés sur **papier du Japon** (n° 8), contenant **3 états** des figures dont l'eau-forte pure.
> **Aquarelle originale** de **Kauffmann,** l'illustrateur du livre (sur le faux-titre).

92. **Hamel** (Maurice). Corot et son œuvre. *Paris, Goupil et Cie, Manzi, Joyant et Cie, succ*, 1905, 100 planches en typogravure-Goupil, remontées sur passe-partout, dans 2 portefeuilles in-4.

> Ouvrage tiré à 1000 exemplaires sur papier de Hollande (n° 252).

93. **Havard** (Henry). L'Art dans la maison (grammaire de l'ameublement). Illustrations de MM. Corroyer, C. David, E. Prignot, Favier, Scott, Lancelot, etc. *Paris, Ed. Rouveyre et G. Blond,* 1884, gr. in-8, demi-rel. dos et coins de mar. bleu, dos orné, tête dor., non rog., couv. (*Champs*).

94. **Hennique** (Léon). Deux patries. Drame en cinq tableaux dont un prologue. Nouvelle édition illustrée de compositions originales par Bertrand, gravées au burin et à l'eau-forte par Léon Boisson. *Paris, L. Carteret et Cie,* 1903, in-8, demi-rel. dos et coins de mar. bleu, dos orné, tête dor., non rog., couv. (*Champs*).

> L'un des **50** exemplaires sur **papier du Japon** (n° 94), avec les eaux-fortes en **2 états** dont l'avant lettre avec remarque.

95. **Histoire du Père La Chaize,** jésuite et confesseur du roi Louis XIV où l'on verra les intrigues secrettes qu'il a

eues à la cour de France et dans toutes les cours de l'Europe et les particularitez les plus secrettes de sa vie. Ses amours avec plusieurs dames de la première qualité et les agréables aventures qui lui sont arrivées dans le cours de ses galanteries. *A Bruxelles, chez H. Kistemaeckers*, 1719-1884, 2 vol. in-8, port., cart. dos et coins de perc., non rog., couv.

96. **Huysmans** (J.-K.). Croquis Parisiens. Eaux-fortes de Forain et Raffaelli. *Paris, H. Vaton*, 1880, in-8, pap. de Holl., demi-rel. dos et coins de mar. grenat jans., fil. sur les plats, tête dor., non rog.

> Exemplaire contenant en plus des 8 gravures de l'édition, 2 planches refusées, dessinées par Forain.

97. **Huysmans** (J.-K.). Sainte Lydwine de Schiedam. *Paris, P.-V. Stock*, 1901, gr. in-8 carré, demi-rel. dos et coins de mar. crème, dos orné de fers azurés, tête dor., non rog. *(Champs-Stroobants)*.

> Édition originale, avec la couverture.

98. **Imbert de Saint-Amand.** Les Femmes de Versailles. La Cour de Marie-Antoinette. *Paris. E. Dentu*, 1887, gr. in-8, nombr. gravures hors texte demi-rel. chag. bleu, plats toile. fers spéciaux (*Rel. de l'éditeur*).

99. **IMITATION DE JÉSUS-CHRIST** (Traduction de Michel de Marillac). *Paris. L. Curmer*, 1856-1858, 2 vol. gr. in-8. mar. brun, compart. de fil. losangés sur le dos et les plats, exécutés à froid, dent. int., doublures et gardes de moire grenat. tranches dorées et guillochées, fermoirs.

> Superbe édition ornée de nombreuses miniatures et encadrements de pages en couleurs.
> Le volume d'*Appendice* qui se trouve en demi-reliure renferme des notices de J. Janin, l'Abbé Delaunay et M. F. Denis sur l'*Imitation de J.-C.* sur les auteurs de l'*Imitation* et sur l'ornementation des manuscrits.

100. **La Fontaine**. Contes avec illustrations de Fragonard. Réimpression de l'édition de Didot, 1795, revue et augmentée d'une notice par M. Anatole de Montaiglon. *Paris, chez Lemonnyer*, 1883, 2 vol. in-4, fig., mar. brun jans., dent. int., tr. dor. (*Champs*).

> L'un des **250** exemplaires sur **papier vergé Van Gelder** (nº 341), contenant la suite des 34 planches de l'édition de 1795 et les 58 planches gravées par Martial y compris le portrait de Fragonard.

101. **La Fontaine**. Fables de La Fontaine avec les figures d'Oudry. Réimpression de l'édition Desaint et Saillant 1755, précédée d'une notice par M. Anatole de Montaiglon. *Paris, A. Lévy*, 1886-1887, 4 vol. in-4. fig., demi-rel. dos et coins de mar. rouge, tête dor., non rog.

> 1 frontispice et 275 gravures hors texte d'après les figures d'Oudry.

102. **Leroy** (Charles). Le Colonel Ramollot. Frontispice de J. Hanriot, et nombreuses illustrations dans le texte par de Sta. Morin. Régamey, etc., etc. *Paris, Marpon et Flammarion*. 1883, in-12, demi-rel. dos et coins de mar. rouge, dos orné, fil. sur les plats. tête dor.. non rog. (*Champs*).

> Edition originale, avec la couverture.
> L'un des **50** exemplaires tirés sur **papier de Hollande** (nº 44).
> On y joint :
> Nouveaux exploits du Colonel Ramollot, par Charles Leroy. *Paris, Marpon et Flammarion, s. d.*, in-12, illustré de 1 frontispice par Kauffmann, et de nombreuses figures dans le texte par Bertrand, Draner, Fraipont, etc., etc., demi-rel. dos et coins de mar. rouge, dos orné, fil. sur les plats, tête dor., non rog. (*Champs*).
> Edition originale avec la couverture.
> L'un des **50** exemplaires tirés sur **papier du Japon**, (nº 20) avec double épreuve du frontispice.

103. **Lescure** (de). La vraie Marie-Antoinette, étude historique, politique et morale, suivie du recueil réuni pour la première fois de toutes les lettres de la Reine connues jusqu'à ce jour dont plusieurs inédites, et de divers documents. Troisième édition. augmentée d'une préface de l'auteur. *Paris, H. Plon*, 1867, in-8. portr. de Marie-

Antoinette d'après Nargeot, mar. bleu, dos orné. comp. de
fil., d'ornem. et de branches de roses dor. à petits fers sur
les plats, dent. int., tr. dor., étui.

104. **LETTRES ET LES ARTS** (Les). Revue illustrée.
Paris, Boussod, Valadon et Cie, 1886-1889, 10 vol. in-4,
demi-rel. dos et coins de mar. vert. têtes dor.. non rog.,
couv. (*Lard*).

> Belle publication ornée de nombreuses gravures dans le texte et hors
> texte par Boutet de Monvel, Ed. Detaille, Grasset, Raffaelli, Cormon.
> Giacomelli, C. Delort, Dubufe, Ed. de Beaumont, etc.
> Texte de Ed. Pailleron, Henry Houssaye, Fréd. Masson, Leconte de Lisle,
> Aug. Dorchain, Jules Lemaitre, etc.

105. **Levrette en Pal'tot** (La) (par A. de Chatillon). *S. l. n.
d.*, gr. in-8. 7 planches avec texte, gravées à l'eau-forte,
demi-rel. dos et coins de mar. vert olive, dos orné à petits
fers, tête dor.. non rog. (*Champs*).

106. **Livre des têtes de Bois** (Le). *Paris, G. Charpentier*,
1883, in-8. fig., demi-rel. dos et coins de mar. rouge, dos
orné, tête dor., non rog., couv. (*Champs*).

> Texte par Guy de Maupassant, Léon Hennique, Paul Alexis, Albert
> Mérat, A. Besnus, André Lemoyne, P. Sebillot. L. Duvauchel, etc.
> Eaux-fortes de E. Millet, H. Scott, P. Teyssonnière, Adrien Marie. Th.
> Ribot, etc.

107. **LIVRE D'HEURES DE LA REINE ANNE DE
BRETAGNE**, traduit du latin et accompagné de notices
inédites. par M. l'Abbé Delaunay. *Paris, L. Curmer*,
1841. 2 vol. in-4, mar. La Vallière foncé, dos ornés. dent.
à froid et comp. de fil. dorés formant encadrem.. armoiries
de France et de Bretagne mosaïquées en mar. bleu et blanc,
fil. dorés et dent. à froid à l'int., doublures et gardes de
moire bleue, tr. dor., étuis (*Lortic*).

> Superbe exemplaire de ce remarquable ouvrage. reproduction en chro-
> molithographie du célèbre manuscrit original, chef d'œuvre de l'art de la
> miniature au commencement du XVIe siècle.

108. **Loti** (Pierre). Matelot. Illustrations de Myrbach. *Paris, A. Lemerre*, 1893, in-12, mar. bleu jans., fil. et dent. int., tr. dor. sur brochure, couv., étui (*Bretault*).

> Édition originale, avec la couverture.
> L'un des **30** exemplaires tirés sur **papier du Japon** (nº 18) auquel on a ajouté un portrait de l'auteur gravé à l'eau-forte, épreuve tirée sur Chine avant la lettre.

109. **Loti** (Pierre). Les Trois Dames de la Kasbah. Illustrations directes d'après nature, par Gervais-Courtellemont. *Paris, Calmann-Lévy*, 1896, in-12, tiré pet. in-8 carré, demi-rel. dos et coins de mar. La Vallière, dos orné, fil. sur les plats, tête dor., non rog., couv. (*Champs-Stroobants*).

110. **LOUYS** (Pierre). Ariane ou le Chemin de la paix éternelle. Illustrations de Georges Rochegrosse. — La Maison sur le Nil ou les apparences de la vertu. Illustrations de Paul Gervais. *Paris, Imprimé pour Charles Meunier*, 1904. 2 vol. gr. in-8, cart. veau raciné gris perle, non rog., couv., étui (*Ch. Meunier*).

> L'un des **125** exemplaires sur **vélin blanc** (nº 63) avec le tirage en noir sur Chine de la décomposition de toutes les planches.

111. **LOUYS** (Pierre). La Femme et le Pantin. Illustrations de P. Roïg. Décoration de Riom. *Paris, L'Édition d'Art, H. Piazza et Cie*, 1903. pet. in-4 carré, demi-rel. dos et coins de mar. orange, dos mosaïqué, fil. sur les plats, tête dor., non rog., couv. (*Champs-Stroobants*).

> Tiré à **300** exemplaires numérotés (nº 211).
> L'un des 260 sur papier vélin à la cuve des manufactures Blanchet et Kléber.

112. **Maindron** (Ernest). Les Affiches illustrées, ouvrage orné de 20 chromolithographies par Jules Chéret et de nombreuses reproductions en noir et en couleur d'après les documents originaux. — Les Affiches illustrées (1886-1895).

Ouvrage orné de 64 lithographies en couleurs et de cent deux reproductions en noir et en couleurs d'après les affiches originales des meilleurs artistes. — Les Affiches étrangères illustrées, par MM. Bauwens, T. Hayashi, La Forgue, Meier-Graeffe, J. Pennell. Ouvrage orné de 62 lithographies en couleurs et de cent-cinquante reproductions en noir et en couleurs. *Paris, Launette et Boudet*, 1886-1897, 3 vol. in-4, demi-rel. dos et coins de mar. La Val., dos ornés de fleurs mosaïquées à froid, en mar. rouge, citron et bleu, têtes dor., non rog., couv. illust. en couleurs (*Champs-Stroobants*).

113. **Maillard** (Léon). Les Menus et programmes illustrés. Invitations, billets de faire part, cartes d'adresse, petites estampes du XVII* siècle jusqu'à nos jours. Ouvrage orné de quatre cent soixante reproductions. *Paris, G. Boudet et Ch. Tallandier*, 1898, gr. in-8, demi-rel. dos et coins de mar. rouge, dos orné, tête dor., non rog., couv. illustr. en couleurs (*Champs-Stroobants*).

114. **Maîtres de l'Affiche** (Les). Publication mensuelle contenant la reproduction des plus belles affiches illustrées des grands artistes français et étrangers, éditée par l'imprimerie Chaix. Premier volume. *Paris*, 1896, in-4, fig. en couleurs, cart. de l'éditeur.

> Affiches de Bac, Cheret, de Feure, Grasset, Guillaume, Lautrec, Métivet, Mucha, Steinlen, Willette, Dow, Penfield, Dudley Hardy, Crespin, Rassenfosse, etc.

115. **MASSON** (Frédéric). **Cavaliers de Napoléon**. Illustrations d'après les tableaux et aquarelles de Edouard Detaille. *Paris, Boussod, Valadon et Cie, s. d.*, in-4, nomb. pl. en héliogravure, demi-rel. dos et coins de mar. vert, tête dor., non rog., couv. (*Durvand*).

> Rare.

116. **Masson** (Frédéric). L'Impératrice Marie-Louise. *Paris, Manzi, Joyant et Cie*, 1902, in-4, nomb. pl. en héliogravure, demi-rel. dos et coins de mar. vert foncé, dos orné, tête dor., non rog.. couv. *(Champs-Stroobants)*.

Édition tirée à 1,000 exemplaires sur papier vélin (n° 382).

117. **Masson** (Frédéric). Joséphine. Impératrice et Reine. *Paris, Jean Boussod, Manzi, Joyant et Cie*, 1899, in-4, nomb. pl. en héliogravure, demi-rel. dos et coins de mar. vert foncé, dos orné, tête dor., non rog.. couv. *(Champs-Stroobants)*.

Édition tirée à 1,200 exemplaires sur papier vélin du Marais (n° 712).

118. **Masson** (Frédéric). Napoléon et son fils. *Paris, Manzi, Joyant et Cie*, 1904, in-4, nomb. pl. en héliogravure, demi-rel. dos et coins de mar. vert foncé, dos orné d'aigles et d'abeilles, tête dor., non rog., couv. *(Champs-Stroobants)*.

Édition tirée à 800 exemplaires sur papier vélin (n° 294).

119. **Matrone** (La) **du Pays de Soung**. Les Deux Jumelles (Contes Chinois) avec une préface par E. Legrand. *Paris, A. Lahure*, 1884, in-8, fig. en couleurs par Poirson, cart. dos et coins de mar. vert, dos orné en mosaïque, tête dor., non rog , couv. *(Ch. Meunier)*.

L'un des **50** exemplaires tirés sur **papier du Japon** (n° 74) contenant le tirage à part du trait également sur Japon.

120. **MAUCLAIR** (Camille). **Jean-Baptiste Greuze** par Camille Mauclair. Introduction de Henry Marcel, administrateur général de la Bibliothèque Nationale. *Paris, l'Édition d'Art, H. Piazza et Cie, s. d.*, in-4, 60 pl. en héliogravure, cart. de l'éditeur.

L'un des **500** exemplaires sur **papier vélin vergé** (n° 106).

121. **Mauclair** (Camille). Le Poison des Pierreries. Compositions de Georges Rochegrosse, gravées à l'eau-forte en couleurs par E. Decisy. Lettre préface de l'auteur. *Paris, F. Ferroud*, 1903, gr. in-8, demi-rel. dos et coins de mar. vert, dos orné en mosaïque, tête dor. non rog., couv. (*Champs-Stroobants*).

L'un des **240** exemplaires (n° 174) sur **papier vélin d'Arches**.

122. **MAUCLAIR** (Camille). Trois Femmes de Flandre. Illustrations (en couleurs et or) de H. Cassiers. *Paris, L'Edition d'Art, H. Piazza et Cie*, 1905. pet. in-4 carré titre r. et n., texte encadré de fil. r., demi-rel. dos et coins de mar. grenat clair, dos mosaïqué, fil. sur les plats, tête dor. non rog., couv. (*Champs-Stroobants*).

Tiré à **300** exemplaires numérotés (n° 218).
L'un des 260 sur papier vélin à la cuve, des manufactures Blanchet et Kléber.

123. **MAUPASSANT** (Guy de). Clair de lune. Illustrations de Arcos, Boutet de Monvel, Gambard, Grasset, Jeanniot, Adrien Marie, Mars, Merwarth, Myrbach, Renouard, Rochegrosse, Tirado. *Paris, Ed. Monnier*. 1884, pet. in-4. mar. gris fer, comp. fantaisiste exécutée en mosaïque sur le plat supérieur, ciel étoilé, éclairé par la lune devant laquelle passent des nuages et des chauves-souris, guirlande de fleurettes en mosaïque sertie d'or de diverses couleurs. encadrant la scène; rappel d'une même guirlande à l'int., doublures et gardes de soie bleu. tr. dor. sur broch. couv.. étui. (*Ch. Meunier*).

L'un des **100** exemplaires sur **papier du Japon** (n° 5) contenant une suite des figures tirées en sanguine.
Un portrait et une **Lettre autographe** de **G. de Maupassant** ajoutés.

124. **MAUPASSANT** (Guy de). **Contes choisis** publiés par les bibliophiles contemporains. Le Loup. — Hautot père et fils. — Allouma. — Mouche. — La Maison Tellier. — Un soir. — Le Champ d'oliviers. — Mademoiselle Fifi. —

l'Epave. — Une partie de Campagne. *Paris, imprimé aux frais et pour les Sociétaires de l'Académie des Beaux-Livres,* 1891-1892, gr. in-8, mar. brun, double encadrem. de fil. sur le dos et les plats, panneau creux décoré d'une branche de fuchsias exécutée en mar. modelé de diverses nuances ; sur le second plat rappel d'une petite branche semblable, doublures et gardes de soie à fleurs, tr. dor. sur broch., couv. étui. *(P. Ruban).*

> Edition tirée à très petit nombre, non mise dans le commerce, pour les membres de la Société, (n° 42).
> Illustrations de M. G. Jeanniot, G. Scott, F. Guelory, P. Vidal, Evert van Muyden, P. Gervais, P. Avril, A. Gérardin, et Ch. Morel.
> Bel exemplaire provenant de la bibliothèque de Charles Cousin.

125. **Maupassant** (Guy de). En Famille. Trente-deux compositions en couleurs de Pierre Vidal. *Paris, A. Blaizot,* 1905, gr. in-8, demi-rel. dos et coins de mar. vert foncé, dos orné et mosaïqué, tête dor. non rog., couv. *(Champs-Stroobants).*

> L'un des **140** exemplaires sur **papier vélin d'Arches** (n° 54) contenant un état des eaux-fortes.

126. **Mayneville.** Chronique du temps qui fut la Jacquerie. Illustrations de L. O. Merson, gravures de Chessa. Lettres manuscrites de Cossard. *Paris, A. Romagnol, s. d.,* 1903, in-8, mar. chaudron, dos et plats couverts d'une riche comp. gothique, fil. à froid déterminant une série de caissons ornés d'un fleuron doré, double encadrem. de fil., dent. à froid à l'int., tr. dor. sur broch., couv. étui. *(Lortic).*

> L'un des **340** exemplaires sur **papier vélin d'Arches** (n° 237).
> **Très jolie reliure.**

127. **Mendès** (Catulle). Pour lire au bain. Avec cent-cinquante-quatre dessins de Fernand Besnier. *Paris, E. Dentu,* 1884, in-8, demi-rel. dos et coins de mar. citron, dos orné et mosaïqué, tête dor. non rog., couv. *(Champs).*

> L'un des **50** exemplaires sur **papier du Japon** (n° 21).

128. **Mérimée** (Prosper). Carmen. Edition illustrée de 1 frontispice et 8 vignettes dessinés par S. Arcos et gravés par
A. Nargeot. *Paris, Calmann-Lévy*, 1884, in-12 carré, pap.
vergé, demi-rel. dos et coins de mar. violet, dos orné, fil.
sur les plats, tête dor. non rog., couv. (*Champs-Stroobants*).

129. **MÉRIMÉE** (Prosper). Colomba. Soixante-trois compositions originales de Daniel Vierge, gravées sur bois par
Noël et Paillard. Préface de Maurice Tourneux. *Paris, L.
Conquet, L. Carteret et Cie*, 1904, gr. in-8, demi-rel. dos
et coins de mar. grenat foncé, dos orné, tête dor. non rog.,
couv. illust. en couleurs. (*Champs-Stroobants*).

L'un des **50** exemplaires de grand luxe sur **papier du Japon ancien**
à la forme (n° 84).

130. **MÉRIMÉE** (Prosper). **La Double méprise**. Aquarelles originales par Bertrand, imprimées en couleurs. *Paris,
L. Conquet, L. Carteret et Cie Succr*, 1902, gr. in-8,
demi-rel. dos et coins de mar. vert clair, dos orné et mosaïqué, tête dor. non rog., couv. (*Champs-Stroobants*).

Tirage unique à **150** exemplaires tous sur **papier vélin** (n° 108).

131. **Michel** (Emile). Rubens, sa vie, son œuvre et son
temps, ouvrage contenant 354 reproductions directes d'après
les œuvres du maître. *Paris, Hachette et Cie*, 1900, gr.
in-8, nombr. fig. dans le texte et hors texte, mar. noir à
long grain, orn. à froid, fers spéciaux, tr. dor. (*Rel. de l'éditeur*).

132. **Molière**. Œuvres. Illustrations de Jacques Leman.
Paris, chez J. Lemonnyer, 1882, 12 fasc. in-4, br., couv.

L'un des **125** exemplaires sur **papier du Japon** (n° 4), contenant le
tirage à part avant la lettre en bistre de toutes les illustrations.
L'Estourdy. — Le Dépit amoureux. — Les Précieuses ridicules. — Sga-
narelle, ou le Cocu imaginaire. — Les deux Farces. — Dom Garcie de Na-
varre. — L'Escole des Maris. — Les Fascheux. — L'Escole des Femmes. —
La Critique de l'Ecole des Femmes — L'Impromptu de Versailles. — Le
Mariage forcé.

133. **Montorgueil** (Georges). La Vie à Montmartre. Illustrations de Pierre Vidal. *Paris, G. Boudet et Ch. Taillandier,* s. d., gr. in-8, lithogr. noires et color., demi-rel. dos et coins de mar. vert olive, dos orné en mosaïque, tête dor., non rog., couv. imp. en coul. (*Champs-Stroobants*).

L'un des 700 exemplaires sur papier lithographique du Marais (n° 203).

134. **Montorgueil** (Georges). La Vie des Boulevards. Madeleine-Bastille. Texte par Montorgueil. 200 dessins en couleurs par Pierre Vidal. *Paris, A. Quantin,* 1896, gr. in-8, demi-rel. dos et coins de mar. vert olive dos orné et mosaïqué, tête dor., non rog., couv. impr. en coul. *Champs-Stroobants*.

135. **MOREAU** (Hégésippe). **Le Myosotis,** petits contes et petits vers. Nouvelle édition illustrée de cent trente-quatre compositions de Robaudi, gravées sur bois par Clément Bellanger. Préface par André Theuriet. *Paris, L. Conquet,* 1893, gr. in-8, mar. La Vallière clair, branches de myosotis sur les plats, mosaïquées en mar. bleu clair et vert, fil. à l'int., ornem. aux angles, doublures et gardes de soie, tr. dor. sur brochure, couv. (*Marius Michel*).

Exemplaire sur **papier de Chine**, contenant le tirage à part de tous les bois sur papier de Chine. — Offert par l'éditeur à M. Marius Michel.

136. **Muller** (Eugène). La Mionnette. 28 compositions de O. Cortazzo, gravées à l'eau-forte par Abot et Clapès. *Paris, L. Conquet,* 1885, in-16, pap. vél. teinté, demi-rel. dos et coins de mar. vert. dos orné à petits fers et mosaïqué, fil. sur les plats, tête dor., non rog., couv. (*Champs-Stroobants*).

137. **Müntz** (Eugène). Histoire de l'Art pendant la Renaissance. Italie. Les Primitifs. — L'Age d'or. — La fin de la Renaissance. *Paris, Hachette et Cie,* 1889, 3 vol. gr. in-8, nombr. fig. dans le texte et hors texte, mar. noir à long grain,

ornements à froid, médaillons aux centres des plats, tr. dor.
(*Rel. de l'éditeur*).

Ouvrage illustré de plus de 1500 figures dans le texte et hors texte dont plusieurs en couleurs.

138. **Müntz** (Eugène). Léonard de Vinci, l'Artiste, le Penseur, le Savant. Ouvrage contenant 238 reproductions dans le texte, 20 planches en taille-douce et 28 planches en couleurs ou en noir d'après les œuvres du maître. *Paris, Hachette et Cie*, 1899, gr. in-8, mar. noir à long grain, ornements à froid, fers spéciaux, tr. dor. (*Rel. de l'éditeur*).

139. **Müntz** (Eugène). Raphaël. Sa vie, son œuvre et son temps. Nouvelle édition entièrement refondue, contenant 187 reproductions dans le texte d'après les œuvres du maître. *Paris, Hachette et Cie*, 1900, gr. in-8, mar. noir à long grain, ornements à froid, médaillons aux centres des plats, tr. dor. (*Rel. de l'éditeur*).

140. **MURGER** (Henry). Scènes de la vie de Bohème. Compositions de Charles Léandre, gravées en couleurs par Eug. Decisy. *Paris, A. Romagnol*, 1902, gr. in-8, demi-rel. dos et coins de mar. vert, dos orné, tête dor., non rog., couv. (*Champs-Stroobants*).

L'un des **200** exemplaires sur **papier vélin d'Arches** (n° 200), comprenant l'état terminé avec lettre de toutes les illustrations et la décomposition des couleurs d'une planche.

141. **Musset** (Alfred de). Histoire d'un Merle blanc. Compositions originales de H. Giacomelli, gravées au burin et à l'eau-forte par L. Boisson. *Paris, L. Carteret et Cie*, 1904, in-8, demi-rel. dos et coins de mar. vert clair, dos orné et mosaïqué, tête dor., non rog., couv. illust. (*Champs-Stroobants*).

Tirage unique à **200** exemplaires de grand luxe sur **papier vélin du Marais** à la forme (n° 89).

142. **MUSSET** (Alfred de). **Lorenzaccio**, drame. Décoration d'Albert Maignan. *Paris, pour la Société des Amis des Livres*, 1895, in-8, cart. étoffe, non rog., couv. (*Noulhac*).

> Édition tirée à **115** exemplaires tirés sur **papier de Chine**.
> Publié par les soins de M. Rodrigues.

143. **MUSSET** (Alfred de). Nouvelles. Les deux Maîtresses; Emmeline; Le fils du Titien; Frédéric et Bernerette; Pierre et Camille. Nouvelle édition illustrée de un portrait gravé par Burney, d'après une miniature de Marie Moulin et de 15 compositions de F. Flameng et O. Cortazzo, gravées à l'eau-forte par Mordant et Lucas. *Paris, L. Conquet*, 1887, gr. in-8, mar. bleu foncé, doublé de mar. bleu, branche de fleurettes en mosaïque sertie d'or de mar. vert, rose et crème, gardes de soie à ramages, tr. dor. sur brochure, couv. étui (*P. Ruban*).

> Superbe exemplaire sur **grand papier vélin**, non mis dans le commerce, contenant :
> 1° 1 portrait gravé par Burney, d'après Marie Moulin en 3 états dont l'avant lettre et l'état intermédiaire ;
> 2° Les eaux-fortes hors texte en **4 états** dont l'avant lettre et 2 états intermédiaires ;
> 3° Les vignettes en 3 états dont l'avant lettre et l'état intermédiaire ;
> 4° Une composition refusée pour *Emmeline*, dessinée par Flameng, gravée par Mordant en 2 états dont l'avant lettre.

144. **Musset** (Alfred de). On ne badine pas avec l'Amour. Proverbe en 3 actes, orné d'une couverture illustrée et de 35 lithographies originales par Louis Morin. *Paris, L. Carteret et Cie*, 1904, gr. in-8, demi-rel. dos et coins de mar. bleu hussard, dos orné, tête dor., non rog., couv. illust. en coul. (*Champs-Stroobants*).

> Tirage unique à **200** exemplaires sur **papier vélin du Marais** à la forme (n° 132).

145. **Nadaud** (Gustave). Une Idylle, avec onze planches hors texte, d'après les dessins de Albert Aublet. *Paris, Librai-*

rie des Bibliophiles, 1883, gr. in-8, demi-rel. dos et coins de mar. bleu, dos orné, tête dor., non rog., couv. illust. (*Champs*).

Tirage à petit nombre.

146. **Nodier** (Charles). Le Bibliomane. Vingt-quatre compositions de Maurice Leloir, gravées sur bois par F. Noël, préface de R. Vallery-Radot. *Paris, L. Conquet*, 1894, in-16, mar. grenat, dos orné, comp. de fil. et ornem. dor. aux angles, doublé de mar. bleu, fil. et ornem. dor. formant encadrement, gardes en soie, doubles gardes, tr. dor. sur brochure, couv. en couleurs, étui (*Chambolle-Duru*).

L'un des **40** exemplaires tirés sur **papier du Japon** (n° 49), avec **2 états** des illustrations, dont le tirage à part.

147. **NODIER** (Charles). Le Dernier chapitre de mon roman. Préface de Maurice Tourneux. Nouvelle édition illustrée de trente trois compositions de Louis Morin. *Paris, L. Conquet*, 1895, in-8, mar. bleu à long grain, dos orné, dent. romantique sur les plats et à l'intérieur, tr. dor. sur brochure, couv. illust. en coul., étui (*Chambolle-Duru*).

Édition tirée à **200** exemplaires sur **papier vélin** (n° 101).

148. **NOLHAC** (Pierre de). **La Dauphine Marie-Antoinette**. *Paris, Boussod, Valadon et Cie, s. d.*, in-4, nombr. pl. en héliogr. demi-rel. dos et coins de mar. bleu, dos orné et mosaïqué, tête dor., non rog., couv. (*Champs-Stroobants*).

Ouvrage tiré à 1000 exemplaires sur papier vélin du Marais (n° 769). **Rare**.

149. **Nolhac** (Pierre de). Louis XV et Madame de Pompadour. *Paris, Manzi, Joyant et Cie*, 1903, in-4, nombr. pl. en héliogr. demi-rel. dos et coins de mar. bleu, dos orné et fleurdelysé, tête dor., non rog., couv. (*Champs-Stroobants*).

Édition tirée à 800 exemplaires sur papier à la main (n° 722).

150. **Nolhac** (Pierre de). Louis XV et Marie Leczinska. *Paris, Manzi, Joyant et Cie*, 1900, in-4, nombr. pl. héliogr. demi-rel. dos et coins de mar. bleu, dos orné et fleurdelysé, tête dor., non rog., couv. (*Champs-Stroobants*).

Ouvrage tiré à 1000 exemplaires sur papier à la cuve (nº 834).

151. **Nolhac** (Pierre de). J. M. Nattier, peintre de la Cour de Louis XV. *Paris, Manzi, Joyant et Cie*, 1905, in-4, nombr. planches en héliogr. mar. bleu, dos orné, large dent. sur les plats, tr. dor. couv. (*Durvant*).

Édition tirée à 425 exemplaires sur papier vélin (nº 111).

152. **Ovide**. Fables choisies tirées des métamorphoses d'Ovide gravures de Bernard Picart et d'après Lebrun, texte par René Ménard. *Paris, A. Lévy*, 1878, 2 tomes en 1 vol. in-4, fig. mar. rouge, dos orné, fil., dent. int., tête dor. non rog. (*Dehertogh*).

153. **Pontsevrez**. Les Deux Existences de Khalil, conte. Illustré de sept compositions originales de Louis Edouard Fournier, gravées à l'eau-forte par Charles Deblois. *Paris, Librairies-Imprimeries réunies, May et Motteroz*, 1895, in-12, mar. grenat, dos orné, comp. de 4 fil. droits et entrelacés sur les plats, doublures et gardes en soie, comp. de fil. et ornem. dor. formant encadrem., doubles gardes, tr. dor. sur brochure, couv. (premier plat), étui (*Canape*).

L'un des **15** exemplaires tirés sur **papier de Chine** nº 15) contenant les eaux-fortes en **3 états**, dont l'eau-forte pure avec remarque.

154. **Propos** (Les) de table de la vieille Alsace, illustrés tout au long de dessins originaux des anciens maîtres alsaciens. Œuvre de réconfort ajustée à l'heure présente, traduite et annotée et enrichie de compositions nouvelles par Emile Reiber. *Imprimé à Paris par R. Engelmann, se vend chez*

H. Launette. 1886, pet. in-4, demi-rel. dos et coins de mar. grenat, dos orné, tête dor. non rog. (*Champs-Stroobants*).

L'un des 600 exemplaires sur papier des Vosges à la forme (nᵒ 404).

155. **Rabelais et l'œuvre de Jules Garnier**. *Paris, E. Bernard*, 1897, 2 vol. in-4, nombreuses figures coloriées, cart. dos et coins de perc. non rog.

156. **RASSEMBLEMENTS** (Les). Physiologies de la Rue observées et notées par Paul Adam, Alfred Athys, Victor Barrucand, Tristan Bernard, Léon Blum, Romain Coolus, Ernest La Jeunesse, J. Renard, Pierre Veber, etc... Prologue par Octave Uzanne. Gravures hors texte de Félix Valloton. Vignettes dans le texte de François Courboin. *A Paris, imprimé pour les Bibliophiles indépendants chez Henri Floury*, 1896, in-8 carré, mar. tête de nègre, doublé de mar. brun, composition fantaisiste, exécutée en mosaïque sans or. de mar. de diverses couleurs, cartouche portant le titre enguirlandé de vigne vierge personnage et attributs divers. gardes de moire grenat, tr. dor. sur brochure, couv., illust., étui (*Ch. Meunier*).

Tiré à **200** exemplaires (nᵒ 43).

157. **Régnier.** (Œuvres complètes, accompagnées d'une notice biographique, de variantes, de notes d'un glossaire et d'un index par E. Courbet. *Paris, A. Lemerre*, 1875, in-8, cart. dos et coins de mar. grenat, non rog. couv. (*Champs*).

L'un des **100** exemplaires sur **grand papier de Hollande** (nᵒ 47).

158. **Reiset** (Vicomte de). Marie-Caroline, duchesse de Berry 1816-1830. *Paris, Manzi Joyant et Cie*, 1906, in-4, nombr. planches en héliogr., br., couv.

Édition tirée à 800 exemplaires sur papier à la main (nᵒ 537).

159. **REISET** (Comte de). Modes et usages au temps de Marie Antoinette par le Comte de Reiset. Livre-journal de Madame Eloffe, marchande de modes, couturière-lingère ordinaire de la Reine et des Dames de la Cour. Ouvrage illustré de près de 200 gravures dont 110 grandes planches, 68 coloriées. *Paris, Firmin-Didot et Cie*, 1885, 2 vol. gr. in-8, demi-rel. dos et coins de mar. bleu, dos ornés à petits fers, têtes dor., non rog. *(Champs-Stroobants)*.

Exemplaire sur **papier du Japon**.

160. **Renan** (Ernest). Le Broyeur de Lin, avec préface des souvenirs d'Enfance et de Jeunesse. Vingt-sept eaux-fortes originales de Ed. Rudaux. *Paris, Librairie L. Conquet — L. Carteret et Cie. Succrs*. 1901, in-8 cavalier, titre bleu et noir, demi-rel. dos et coins de mar. La Vall. foncé, dos mosaïqué, fil. sur les plats, tête dor., non rog., couv. *(Champs-Stroobants)*.

Tiré à **300** exemplaires numérotés (n° 284).
L'un des 150 sur papier vélin du Marais, avec un seul état des planches.

161. **Richard** (Capitaine). La Garde (1854-1870). Ouvrage illustré de 380 gravures dont huit tirées en deux teintes et huit en couleurs d'après les aquarelles de Charles Morel. *Paris, Société d'édition et de librairie*, 1898. in-4, chag. grenat foncé, dos orné, fil. fers spéciaux, tête dor., non rog., couv. *(Rel. de l'éditeur)*.

162. **RICHEPIN** (Jean). **La Chanson des Gueux**. *Paris, Maurice Dreyfous*, 1885, in-4. portr. et fig. mar. vert olive, compositions fantaisistes en mosaïque sertie d'or exécutées en mar. de diverses nuances, doublures et gardes de soie grenat, tête dor., non rog., couv. *(Ch. Meunier)*.

L'un des **100** exemplaires sur **papier de Hollande** (n° 103) contenant:
1° 1 portrait en 3 états par H. Toussaint dont l'eau forte pure et un état avec remarque.
2° 16 eaux-fortes de Ridouard et E. Courboin ;
3° **390 dessins originaux** à l'encre de Chine par **J. Coulon**.
Exemplaire unique en condition pareille.

163. **ROBIDA**. Le XIX⁰ siècle. Texte et dessins par A. Robida. *Paris. Georges Decaux*, 1888, gr. in-8, fig. noires et colo-riées, mar. chaudron, composition fantaisiste sur le plat supérieur en mosaïque de mar. de diverses nuances, 6 fil. à l'int., doublures et gardes de soie à ramages, tr. dor. sur brochure, couv., étui (*Ch. Meunier*).

   Exemplaire sur **papier du Japon** contenant une **importante aqua-relle originale** de **A. Robida** sur le faux-titre.

164. **ROBIDA** (A.). Le Vingtième siècle. La vie électrique. Texte et dessins par A. Robida. *Paris. A la Librairie illustrée s. d.*, gr. in-8, mar. vert, composition fantaisiste en mosaïque à froid reproduisant le titre de l'ouvrage en lettres mosaïquées en mar. gris fer, bande de mar. vert à l'int., formant encadrem. doublures et gardes de moire gre-nat, tr. dor. sur brochure, couv., étui (*Ch. Meunier*).

   Importante aquarelle originale de **A. Robida** sur le faux-titre. Très bel exemplaire.

165. **Rodenbach** (Georges). Bruges-la-Morte. Quarante-trois compositions originales d'après nature dessinées et gravées sur bois par Henri Paillard. *Paris, L. Carteret et Cie*, 1900, in-8, veau vert olive, dos orné. fil. et dent. à froid formant un double encadrem. dent. int., tr. dor. sur bro-chure. couv. illust., étui (*Champs*).

   L'un des **150** exemplaires sur **papier vélin du Marais** (nᵒ 123).

166. [**Rodrigues** (Eugène)]. Catalogue descriptif et analy-tique de l'œuvre gravé de Félicien Rops, précédé d'une no-tice biographique et critique par Erastène Ramiro (Eugène Rodrigues), orné d'un frontispice et de gravures d'après des compositions inédites de Félicien Rops et de fleurons et culs-de-lampe d'après F. Rops, Jean La Palette et Louis Legrand. *Paris. L. Conquet*, 1887. — Supplément au ca-talogue de l'œuvre gravé de Félicien Rops, par Erastène Ramiro. Illustrations de Félicien Rops. Fleurons et culs-

de-lampe par Armand Rassenfosse. *Paris. Floury*, 1895.
— L'œuvre lithographié de Félicien Rops, par Erastène
Ramiro, orné de sept reproductions de lithographies en
taille-douce. *Paris, L. Conquet*, 1891, 3 vol. gr. in-8, cart.
dos et coins de mar. citron, dos ornés de filets, têtes dor.,
non rog., couv. (*Carayon*).

167. [**RODRIGUES** (Eugène)]. **Cours de danse fin de
siècle**. Illustrations de Louis Legrand. *Paris, E. Dentu*,
1892, gr. in-8, fig. dans le texte et eaux-fortes hors texte,
mar. vert, dos et plats encadrés de 5 filets, feuillages aux
angles, doublé de mar. rouge, branche d'œillets mosaïquée
à froid en mar. vert et bleu, encadrem. de fil. dorés et au
pointillé, tr. dor. sur brochure, couv. (*P. Ruban*).

> Bel exemplaire sur **papier du Japon** contenant :
> 1° Les eaux-fortes en 4 états savoir : l'épreuve en noir, l'épreuve en san-
> guine, l'épreuve en couleurs signée au crayon par Louis Legrand et
> l'épreuve en noir avec croquis marginaux.
> 2° L'**Aquarelle originale** de **Louis Legrand** pour la planche inti-
> tulée : *Essai loyal de brisement assis.*
> 3° Le tirage à part de toutes les vignettes en couleurs sur papier du
> Japon.
> 4° Une lettre autographe de Louis Legrand.
> Exemplaire de Charles Cousin.

168. **ROPS**. Catalogue descriptif et analytique de l'œuvre
gravé de Félicien Rops, précédé d'une notice biographique
et critique par Erastène Ramiro (Eugène Rodrigues) orné
d'un frontispice et de gravures d'après des compositions inédites de Félicien Rops et de fleurons et culs-de-lampe
d'après F. Rops, Jean La Palette et Louis Legrand. *Paris.
L. Conquet*, 1887. — Supplément au catalogue de l'œuvre
gravé de Félicien Rops par Erastène Ramiro. Illustrations
de Félicien Rops. Fleurons et culs-de-lampe par Armand
Rassenfosse. *Paris, Floury*, 1895. Ensemble 2 vol. gr. in-8,
mar. rouge, dos et plats ornés de filets, bande de mar. à
l'int., 6 filets et perle, doublures couvertes chacune par une

eau-forte de Rops, tirée sur satin. gardes de moire rouge, têtes dor., non rog.. couv. (*Canape*).

> Bel exemplaire sur **papier de Hollande** contenant les planches en **3 états** dont plusieurs en couleurs et le tirage à part sur Japon de toutes les vignettes, culs-de-lampe, fleurons, etc.
>
> On a ajouté à cet exemplaire **74 planches** de Rops dont **19 en couleurs** parmi lesquelles on remarque, LA NOURRICE AU SATYRION, *épreuve en couleur* ; LA BUVEUSE D'ABSINTHE, *épreuve en couleur* : LA DENTELLIÈRE, *épreuve en couleur* : Le Doigt dans l'œil ; Ma Golonelle. épreuve avec remarque ; Le Vol et la Prostitution dominant le monde ; MADEMOISELLE DE MAUPIN, *épreuve en couleur* : Satan semant l'Ivraie ; Mam'zelle Gavroche ; Le Moineau de Lesbie ; L'Organiste du Diable ; Offertoire, *épreuve en couleurs* : Le Sphinx ; Le Bonheur dans le Crime ; Jamais trop ; Jamais assez ; MORS SYPHILLITICA ; LA FOIRE AUX AMOURS, *épreuve en couleurs* ; Le Cœur sur la main, COURTOISIE EXAGÉRÉE. épreuve en bistre avec remarque, etc., etc.
>
> Ensemble **105** pièces.
>
> **Exemplaire unique en pareille condition.**

169. **ROPS**. L'Enfer de Rops. *Paris, Sous le manteau du Diable, s. d.*, pet. in-fol.. mar. rouge, dos et plats ornés de filets, bande de mar. rouge à l'int., 6 filets et perle, doublures et gardes de moire rouge, tr. dor., étui (*Canape*).

> Album factice formé de 1 frontispice, 1 titre et **52** planches gravées à l'eau-forte par Félicien Rops. LES SATANIQUES : *Satan semant l'ivraie, l'Enlèvement, l'Idole. le Sacrifice, le Calvaire. Satan créant les monstres.*
>
> Gaieté hermaphrodique ; Petit modéle (*épreuve avec remarque*) : Ma Golonelle (*épreuve avec remarque*) ; L'Examen : A vous Général ; Suffisance : Puberté : Le Doigt dans l'œil ; Le Roman d'une nuit ; Courtoisie exagérée (*épreuve en bistre avec remarque*); Mam'zelle Gavroche ; La Pantoufle de Cendrillon et repos ; Masques parisiens (*épreuve avec remarque*) ; Le Doigt dedans, La Nourrice au Satyrion : L'Organiste du Diable.
>
> LES DIABOLIQUES : Le Sphinx, Le Bonheur dans le Crime ; Le plus bel Amour de Don Juan, Le Rideau cramoisi, Le Vol et la Prostitution dominant le Monde.
>
> Madeleine ; Mademoiselle de Maupin ; Le Moineau de Lesbie (*épreuve avec remarque*) ; Le Joyeux Bidet; La Foire aux Amours ; Le Massage ; Le Maillot ; La Fleur lascive orientale ; Ma fille Monsieur Cabanel ; A toi Caporal ; La Sieste ; Offertoire ; Transformisme n° 3 ; Juillet; Messalina ; Centauresse ; Abandon ; La Grande Femme à la fourrure assise ; Eve ; Le Cœur sur la main ; Le Beau Paon ; Le Petit Cousin ; Mignonne ; Voici la Vrille !
>
> *Les N°s 168 et 169 seront vendus ensemble.*

170. **ROUSSEAU (J.-J.). Les Confessions.** Nouvelle édition illustrée de quatre-vingt-seize compositions par Mau-

rice Leloir, gravées à l'eau-forte par les premiers artistes.
Préface de Jules Claretie. *Paris, H. Launette et Cie*, 1889,
2 tomes en 4 vol. gr. in-8, mar. vert clair, dos ornés de
fleurettes en mosaïque sertie d'or de mar. violet, encadrem.
de fil. sur les plats, bande de mar. à l'int., guirlande de
fleurs, doublures et gardes de soie, tr. dorées sur brochure,
couv. (*Marius Michel*).

Superbe exemplaire sur **papier du Japon** avec 3 états des planches
dont l'avant lettre et l'eau-forte pure.

171. **Saint-Pierre** (Bernardin de). Paul et Virginie, précédé
d'une préface par Jules Janin. *Paris, D. Jouaust*, 1869,
in-8, demi-rel. dos et coins de mar. bleu jans., tète dor.,
non rog.

Tiré à **342** exemplaires numérotés (n° 256).
L'un des 300 sur papier vergé, contenant la suite des 4 eaux-fortes par
V. Foulquier, épreuves tirées sur papier de Chine.

172. **Sand** (George). Les Beaux Messieurs de Bois-Doré.
Illustrations d'Adrien Moreau, gravées sur bois par Brauer,
Froment, Hamel, Méaulle, Rousseau et Thomas. *Paris,
Emile Testard*, 1892, 2 vol. gr. in-8, mar. vert olive, dos
ornés, 8 filets formant encadrem., doublé de mar. grenat,
double encadrem. de filets, feuillages aux angles, tr. dor.
sur brochure, couv. (*Raparlier*).

L'un des **50** exemplaires sur **papier à la Cuve** (n° 32) contenant le
tirage à part sur Chine de toutes les gravures sur bois et les eaux-fortes en
3 états savoir : 1 état avant la lettre tiré en bistre, 1 état avant la lettre
avec remarque et l'état avec la lettre.

173. **Sandeau** (Jules). Mademoiselle de la Seiglière. Dessins
par Emile Bayard. *Paris, J. Hetzel et Cie, s. d.*, in-8,
demi-rel. dos et coins de mar. bleu, dos orné, tète dor., non
rog., couv.

Première édition illustrée.

174. **Scholl** (Aurélien). Denise. Aquarelles de Grivaz, gravées par Arents. *Paris, E. Rouveyre et G. Blond*, 1884, in-8, pap. de Holl., demi-rel. dos et coins de mar. rouge, dos orné, fil. sur les plats, tête dor., non rog., couv. (*Champs*).

175. **SILVESTRE** (Armand). La Plante enchantée, illustrée par A. Robida. *Paris, Librairie illustrée*, 1895, in-4, mar. La Vallière foncé, encadrem. de fil. dorés et à froid, branche de fleurettes mosaïquée en mar. blanc et vert, doublures et gardes de soie à ramages, tr. dor. sur brochure, couv., étui (*Ch. Meunier*).

L'un des **50** exemplaires sur **papier du Japon** (n° 36) contenant une **importante aquarelle originale** de **A. Robida** sur le faux titre.

176. **Simon** (Jules). L'Affaire Nayl ; trois condamnés à mort. *Paris, Calmann-Lévy*, 1883, in-12 carré, pap. vergé, demi-rel. dos et coins de mar. orange, dos orné, fil. sur les plats, tête dor. non rog., couv. (*Champs*). ·

177. **SOULIÉ** (Frédéric). Le Lion amoureux. Nouvelle édition illustrée de 19 vignettes dessinées par Sahib et gravées au burin sur acier par Nargeot, avec Notice historique et littéraire par Ludovic Halévy. *Paris, L. Conquet*, 1882, in-12, cart. dos et coins de mar. vert jans., non rog., couv. (*Champs*).

L'un des **150** exemplaires tirés sur **grand papier du Japon blanc** (n° 145).
Rare.

178. **Stendhal** (de) (Henri Beyle). La Chartreuse de Parme. Réimpression textuelle de l'édition originale. Illustrée de 32 eaux-fortes par V. Foulquier, préface de Francisque Sarcey. *Paris, L. Conquet*, 1883, 2 vol. in-8, cart. dos et coins de mar. vert clair jans., tête dor. non rog., couv. (*Champs*).

Tirage unique à **500** exemplaires numérotés (n° 264).

179. **STENDHAL** (de) (Henri Beyle). Le Rouge et le Noir par M. de Stendhal. Réimpression textuelle de l'édition originale illustrée de 80 eaux-fortes par H. Dubouchet. Préface de Léon Chapron. *Paris. L. Conquet*, 1884. 3 vol. gr. in-8, port. et fig., cart. dos et coins de mar. rouge, non rog., couv. (*Champs*).

L'un des **75** exemplaires sur **papier du Japon** (n° 146).

180. **STERNE**. Voyage sentimental en France et en Italie, Traduction nouvelle et notice de M. Emile Blémont. Illustrations de Maurice Leloir comprenant 220 dessins dans le texte et 12 grandes compositions hors texte. *Paris, H. Launette*, 1884, in-4, mar. bleu, dos et plats ornés de fil. dorés, et au pointillé avec ornem. aux angles, bande de mar. bleu hussard à l'int., fil. et pointillés, ornem. aux angles, doublures et gardes de soie, tr. dor. sur broch., couv. étui (*P. Ruban*).

L'un des **100** exemplaires tirés sur **papier Whatman**, contenant **2 états** des photogravures hors texte dont l'avant lettre et un délicieux sujet inédit à l'**aquarelle de Maurice Leloir** sur le faux titre.

181. **Theuriet** (André). Sous Bois. Nouvelle édition illustrée de soixante-dix-huit compositions de H. Giacomelli, gravées sur bois par Berveiller, Froment, Méaulle et Rouget, préface de Jules Claretie. *Paris, L. Conquet — G. Charpentier*, 1883. pet. in-8, cart. dos et coins de mar. vert jans., tête dor. non rog., couv. (*Champs*).

Tirée à **500** exemplaires numérotés (n° 276).
L'un des 350 sur **papier vélin du Marais** à la forme.

182. **TILLIER** (Claude). Mon oncle Benjamin. Nouvelle édition illustrée d'un portrait frontispice et de 42 dessins de Sahib gravés sur bois par Prunaire avec une préface par Ch. Monselet. *Paris. L. Conquet*, 1881, 2 vol. in-8, mar. chaudron, dos ornés, compart. de fil. avec ornem. aux angles, dent. int., tr. dor sur broch. couv. (*Champs*).

L'un des **25** exemplaires sur **papier Whatman** (n° 81) contenant le tirage à part sur **Japon** en sanguine de toutes les gravures sur bois.

183. **Uchard** (Mario). Mon Oncle Barbassou orné de 40 compositions gravées à l'eau-forte par Paul Avril. *Paris, J. Lemonnyer*, 1884, in-8, demi-rel. dos et coins de mar. vert olive, dos orné, tête dor. non rog., couv. (*Champs*).

Exemplaire sur **papier vélin**.

184. **Uzanne** (Octave, Son Altesse la Femme. Illustrations de Henri Gervex, J.-A. Gonzalès, L. Kratké, A. Lynch, Adrien Moreau et Félicien Rops. *Paris, A. Quantin*, 1885, gr. in-8, mar. La Vallière, dos orné à petits fers, double encadrem. de fil., ornem. aux angles, doublé de mar. rouge, triple encadrem. de fil. déterminant un compart. orné d'une mosaïque à répétition sertie d'or, losanges de mar. vert et citron, gardes de moire verte, tr. dor. sur broch. (*H. Prat*).

L'un des **100** exemplaires sur **papier du Japon** (n° LXXII) contenant les illustrations hors texte en 2 états dont l'avant lettre.

185. **Uzanne** (Octave). L'Art dans la décoration extérieure des livres en France et à l'étranger. Les couvertures illustrées. Les cartonnages d'éditeurs. La Reliure d'Art. *Paris, L. H. May*, 1898. gr. in-8, nombr. reproductions, demi-rel. dos et coins de mar. bleu, dos orné et mosaïqué, tête dor. non rog., couv. impr. en couleurs. (*Champs-Stroobants*).

186. **Uzanne** (Octave). Le Bric-a-Brac de l'Amour, préface de J. Barbey d'Aurevilly. — Le Calendrier de Vénus. — Les Surprises du cœur. *Paris, E. Rouveyre*, 1879-1881. Ens. 3 vol. in-8 écu, pap. vergé de Holl., frontispices, dess. et grav. à l'eau-forte, par MM. Ad. Lalauze, M. Perret et Géry-Bichard, demi-rel. dos et coins de mar. rouge, dos ornés à petits fers, fil. sur les plats, tête dor., non rog., couv. (*Champs*).

187. **Uzanne** (Octave). Le Calendrier de Vénus. *Paris, Ed. Rouveyre*, 1880, in-8, mar. rouge, dos orné, compart. de

fil. à la Du Seuil, dent. int., tête dor., non rog., couv. illust.
(*Lanscelin*).

> L'un des **50** exemplaires sur **papier Whatman** (n° 93), contenant le tirage à part sur Chine de la couverture illustrée par Daniel Vierge et le frontispice de Marius Perret, gravé à l'eau-forte en 3 états dont l'avant lettre et une épreuve en bistre également avant la lettre.

188. **Uzanne** (Octave). Caprices d'un Bibliophile. *Paris, E. Rouveyre*, 1878, pet. in-8, front. dess. et gr. à l'eau-forte par Ad. Lalauze, cart. dos et coins de mar. La Vallière, non rog., couv. (*Champs*).

189. **UZANNE** (Octave). La Chronique scandaleuse, publiée par Octave Uzanne, avec préface, notes et index. *Paris, A. Quantin*, 1879, gr. in-8, front. gravé par A. Lalauze et 1 vign. dessinée et gravée par Mongin, mar. citron, dos orné, fil., dent. int., gardes de soie, tr. dor. (*Amand*).

> Exemplaire sur **papier Whatman** provenant de la bibliothèque de l'auteur avec son ex-libris.
> Il y a joint :
> 1° Le **dessin original** d'encadrement de la couverture.
> 2° 6 états de la couverture ;
> 3° 3 états du titre ;
> 4° 11 états du frontispice ;
> 5° 3 états de la vignette de Mongin ;
> 6° Le **dessin original à la plume** de la vignette par **Mongin**.

190. **Uzanne** (Octave). La Chronique scandaleuse, publiée par Octave Uzanne, avec préface, notes et index. — Les Mœurs secrètes du XVIII° siècle, publiées par Octave Uzanne, avec préface, notes et index. *Paris, A. Quantin*, 1879-1883, 2 vol. gr. in-8, frontispice de Paul Avril et Ad. Lalauze, demi-rel. dos et coins de mar. bleu, dos ornés, têtes dor., non rog., couv. (*Champs*).

191. **UZANNE** (Octave). Dictionnaire bibliophilosophique, typologique, iconophilesque, bibliopégique et bibliotechnique à l'usage des Bibliognostes, des Bibliomanes et des Bibliophilistins par Octave Uzanne. *Paris, imprimé pour les*

Sociétaires de l'Académie des Beaux-Livres, Bibliophiles contemporains. 1896, in-8, nombr. pl. mar. vert, composition fantaisiste sur le plat supérieur exécutée en mosaïque de mar. de diverses nuances, sertis d'or et à froid, dent. int., doubl. et gardes de soie, tr. dor. sur brochure, couv., étui *(Ch. Meunier).*

Ouvrage tiré à **176** exemplaires numérotés (n° 175).

192. **Uzanne** (Octave). L'Eventail. Illustrations de Paul Avril. *Paris, A. Quantin,* 1882, gr. in-8, demi-rel. dos et coins de mar. grenat, dos orné de petits éventails en mosaïque de mar. citron et bleu pâle, tête dor., non rog., couv. impr. en coul. *(Champs-Stroobants).*

193. **Uzanne** (Octave). L'Ombrelle — Le Gant — Le Manchon. Illustrations de Paul Avril. *Paris, A. Quantin,* 1883, gr. in-8, demi-rel. dos et coins de mar. rouge, dos orné, tête dor., non rog., couv. impr. en coul. *(Champs).*

194. **Uzanne** (Octave). La Femme à Paris. Nos Contemporaines. Notes successives sur les Parisiennes de ce temps dans leurs divers milieux, etat et conditions par Octave Uzanne. Illustrations de Pierre Vidal. *Paris, Quantin,* 1894, gr. in-8, fig. col. demi-rel. dos et coins de mar., tête de nègre, dos orné en mosaïque, branche de fleurettes en mar. rose et vert, sertis d'or, tête dor., non rog., couv. imp. en coul. *(Champs-Stroobants).*

195. **UZANNE** (Octave). **La Française du siècle.** La Femme et la mode métamorphoses de la Parisienne de 1792 à 1892. Tableau des mœurs et usages aux principales époques de notre ère républicaine. Edition illustrée de plus de 160 dessins inédits par A. Lynch et E. Mas. Frontispice en couleurs de Félicien Rops. *Paris, A. Quantin,* 1892, gr. in-8, front. de Rops, mar. La Vallière clair, dos et plats décorés d'une composition florale avec sujet exécutée en

mosaïque à froid de mar. modelé, dent. int., doublures et gardes de satin rose, tr. dor. sur broch., couv. (*Rapar-lier*).

L'un des **25** exemplaires sur **papier du Japon** contenant :
1º Le frontispice de F. Rops en 2 états, en noir et en couleurs ;
2º Le tirage à part sur Chine de toutes les illustrations du texte ;
3º **14 dessins originaux à la plume** par **A. Lynch, E. Mas, Hergat**, etc.

196. **Uzanne** (Octave). La Française du Siècle. Modes. mœurs, usages. Illustrations à l'aquarelle de Albert Lynch, gravées à l'eau-forte en couleurs par Eugène Gaujean. *Paris, A. Quantin*, 1886, gr. in-8. demi-rel. dos et coins de mar. vert, dos orné et mosaïqué, tête dor., non rog., couv. illust. en couleurs (*Champs-Stroobants*).

197. **UZANNE** (Octave). La Gazette de Cythère publiée par Octave Uzanne avec notice historique. *Paris, A. Quantin*, 1881, in-8, 1 frontispice et 1 vignette dessinée et gravée par Gaujean, mar. orange, dos orné, fil., dent. int., gardes de soie, tr. dor. (*Amand*).

Exemplaire sur **papier Whatman** provenant de la bibliothèque de l'auteur avec son *ex-libris*.
Il y a joint :
1º 14 états différents du frontispice.
2º 3 états de la vignette.

198. **Uzanne** (Octave). Le Miroir du Monde. Notes et sen-sations de la Vie pittoresque. Illustrations en couleurs d'après Paul Avril. *Paris, Quantin*, 1888. pet. in-4. br., couv., dans un carton de cuir japonais.

199. **Uzanne** (Octave). Les Modes de Paris. Variations du goût et de l'esthétique de la femme, 1797-1897. Illustra-tions originales de François Courboin dans le texte et hors texte d'après des documents inédits. *Paris, L.-H. May*, 1898. gr. in-8 carré. demi-rel. dos et coins de mar. bleu, dos orné et mosaïqué, tête dor., non rog., couv. imp. en couleurs (*Champs-Stroobants*).

200. **Vadé**. La Pipe cassée, poème épitragipoissardihéroï-
comique. Nouvelle édition enrichie de vignettes en taille-
douce, d'après Eisen. *Rouen, J. Lemonnyer*, 1879, pet.
in-8, cart. dos et coins de mar. La Vallière foncé jans.,
non rog., couv. (*Champs*).

> Tiré à 350 exemplaires numérotés (n° 195).
> L'un des 290 sur papier vélin teinté.

201. **VALLET** (L.). A Travers l'Europe. Croquis de cava-
lerie. Préface de Monsieur Roger de Beauvoir. Ouvrage
illustré de 300 gravures dans le texte et 50 en couleurs
d'après les dessins de l'auteur. *Paris, Firmin Didot et Cie*,
1893, in-4, mar. rouge, dos et plats ornés d'un double
encadrement de fil., dont l'un enguirlandé de feuillages,
dent. à l'int., tr. dor., couv., étui (*P. Ruban*).

> L'un des **100** exemplaires sur **papier du Japon** (n° 33) avec une
> **aquarelle originale** de **L. Vallet**.

202. **Vaux** (Baron de). Les Duels célèbres. Préface par Aurélien Scholl. *Paris, Ed. Rouveyre*, 1884, in-8, fig., cart.,
dos et coins de mar. bleu clair, non rog., couv. illust.
(*Champs*).

> Exemplaire sur **papier de Hollande**.
> On y joint : A. Tavernier. L'Art du Duel. Préface par Aurélien Scholl.
> *Paris, Marpon et Flammarion*, 1885, in-8, fig., cart. dos et coins de mar.
> brun, non rog.
> Exemplaire sur **papier de Hollande**.

203. **VERLAINE** (Paul). Choix de Poésies, avec un portrait de l'auteur, par Eugène Carrière. *Paris, Bibliothèque
Charpentier*, 1891, in-12, mar. vert, dos orné de violettes
en mosaïque sertis d'or, plat supérieur encadré par une guirlande de fleurettes en mar. citron accompagnée d'attributs
divers, branche de lys en mosaïque sur le plat inférieur,
dent. int., tête dor., non rog., couv., étui (*Ch. Meunier*).

> Edition originale, avec la couverture.
> L'un des **30** exemplaires tirés sur **papier de Hollande** (n° 22).

204. **Vitu** (Auguste). Le Jargon du XVe siècle. Etude philologique. Onze ballades en jargon attribuées à François Villon dont cinq ballades inédites, publiées pour la première fois d'après le manuscrit de la bibliothèque royale de Stockholm précédées d'un discours préliminaire sur l'organisation des Gueux et l'origine du Jargon et suivies d'un vocabulaire analytique du Jargon, par Auguste Vitu. *Paris, Charpentier et Cie*, 1884, gr. in-8, pap. de Holl., cart. dos et coins de mar. grenat, non rog., couv. *Champs*.

205. **Voisenon** (Abbé de). Contes, avec une Notice bio-bibliographique, par Octave Uzanne. *Paris, Quantin*, 1878, in-8 carré, pap. de Holl., portr. à l'eau-forte par A. Lalauze, vign. et culs-de-lampe à l'eau-forte, fac-similé d'autographe, cart. dos et coins de mar. bleu, non rog., couv. (*Champs*).

206. **VOLTAIRE**. Candide ou l'optimisme. Préface de Francisque Sarcey. Illustrations de Adrien Moreau. *Paris, G. Boudet*, 1893, gr. in-8, mar. rouge, dos orné, double encadrem. de fil. dor. et au pointillé, ornem. aux angles, doublé de mar. rouge, fil. avec ornem. aux angles et aux milieux des des côtés, gardes de soie à fleurs, tr. dor., sur broch., couv. étui. (*Chambolle-Duru*).

> L'un des **25** exemplaires sur **papier du Japon** (n° 9) contenant :
> 1° Les eaux-fortes en **3 états** dont l'eau-forte pure, et l'avant lettre avec remarque.
> 2° Une suite de tous les bois tirés à part sur papier de Chine.
> 3° **Une aquarelle originale** de **Adrien Moreau** sur le faux-titre.

207. **Vuillier** (Gaston). La Danse. *Paris, Hachette et Cie*. 1898, gr. in-8, nombr. fig. dans le texte et hors texte, mar. bleu à long grain, fers spéciaux, tr.dor. (*Rel. de l'éditeur*).

208. **Zola** (Emile). La Joie de vivre. *Paris, G. Charpentier et Cie*, 1884, in-12, cart. dos et coins de mar. La Vallière foncé jans., non rog. (*Champs*).

> Edition originale, avec la couverture.

209. **Zola** (Emile). Nana. *Paris, G. Charpentier*, 1880, in-12, cart. dos et coins de mar. La Vallière foncé jans., non rog., couv. (*Champs*).

> Edition originale, avec la couverture.
> L'un des **325** exemplaires tirés sur **papier de Hollande** n° 108).

210. **Zola** (Emile). Une Page d'Amour. *Paris, G. Charpentier*, 1878, in-12, cart. dos et coins de mar. La Vallière foncé jans., non rog., couv. (*Champs*).

> Edition originale avec la couverture.
> L'un des **100** exemplaires tirés sur **papier de Hollande** (n° 55).

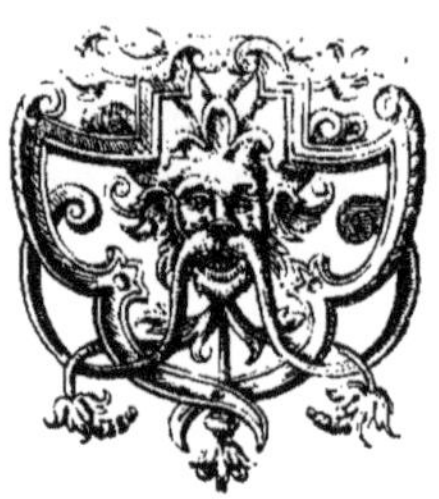

Arras. — Imp. Schoutheer Frères, rue des Trois-Visages, 53.

www.ingramcontent.com/pod-product-compliance
Ingram Content Group UK Ltd.
Pitfield, Milton Keynes, MK11 3LW, UK
UKHW031801170726
13836UKWH00003B/1118

9 782329 520674